www.ingramcontent.com/pod-product-compliance
Lightning Source LLC
LaVergne TN
LVHW050803051026
849532LV00008B/2950
* 9 7 8 9 3 6 9 0 8 4 9 8 2 *

نقد و نظر

(حصہ : اول)

ایس۔ اے۔ شکور

(ادارہ ادبیاتِ اردو)

Naqd-O-Nazr : Part-1 *(Literary Essays)*

by: S.A. Shukoor

Edition: August '2025

Publisher :

Taemeer Publications LLC (Michigan, USA / Hyderabad, India)

ISBN 978-93-6908-498-2

9 789369 084982

کتاب	:	**نقد و نظر** (حصہ : اول)
مرتب	:	**ایس۔اے۔ شکور** (ادارہ ادبیاتِ اردو)
صنف	:	تحقیق و تنقید
ناشر	:	تعمیر پبلی کیشنز (حیدرآباد، انڈیا)
سالِ اشاعت	:	۲۰۲۵ء
صفحات	:	۷۲
سرورق ڈیزائن	:	تعمیر ویب ڈیزائن

فہرست

انگلستان اور ارتقائی تعلیم

ڈاکٹر سید محی الدین قادری زورؔ

ایک زمانہ تھا کہ برطانیہ کے قدیم باشندے اسی شخص کو قابل اعزاز اور باعث فخر سمجھتے تھے جو سب سے بڑھ کر چالاک اور سب سے زیادہ بہادر اور صف شکن ہوتا۔ ایسے شخص کی علمی تحصیل بھلا کیا ہو سکتی تھی؟ لیکن پھر بھی ان کا کام روبراہ ہو جاتا تھا۔ چند صدیوں کے بعد ایک ایسا زمانہ آتا ہے کہ سکسن صناعوں سے تحصیل فن کرنے کے مقابلے میں ان قدیم شجاعوں کو شجاعت اور شکاریوں کی میر شکاری درجہ صفر پر آٹھہرے۔ ان سکسوں کے رو ہ روز انوئے ادب طے کرنے سے قدیم اور جاہل بڑوں کو ہل چلانا، بیج بونا، فصلوں کو کاٹنا وغیرہ غرض زراعت کرنا آ گیا۔

لیکن جوں جوں زمانہ گزرتا گیا نئے نئے ضروریات درپیش ہوتے گئے اور اب وہ شخص دنیا میں مقامِ عزت اور رتبہ حاصل کر سکتا تھا جو ریوڑیں پالنے، کپڑے بننے اور تجارت کرنے میں سب سے زیادہ مشاق اور کامل الفن ہوتا۔ لیکن پھر بھی لڑائی اور جنگ اس زمانے کی زندگیوں کا جزو اعظم تھا۔ فرصت کے زمانے میں کسی نوجوان کی سب سے بڑھ کر تربیت اگر تھی تو وہ اس کو فن تیراندازی اور تیر بازی میں ماہر کروانا تھا۔

پادریوں کا مطالعہ کتب بہت بری نظر سے دیکھا جاتا تھا اور صرف انسانی ہستی کا وہ حصہ جو خود کمال و جاہ کے گھمنڈ میں عام آدمیوں سے بلند و برتر سمجھتا تھا، اپنے عیش و عشرت میں پلے ہوئے لڑکوں کو ان پادریوں کے مدرسوں میں بھیج سکتا۔ اس کے بعد نارمنوں کا زمانہ آیا جو آج تک گرجاؤں قلعوں اور محلوں کے بنانے میں مشہور ہیں۔ ان گرجاؤں سے ملحق خانخاہیں بنائی جاتیں جنھیں اطراف و نواح سے ذکی الحس اور امید افزا طلبہ کو پادری اور راہب بھیجا کرتے لیکن طلبہ کی کثیر تعداد کے مقابلے میں یہ خانقاہیں بہت کم تھیں۔

اب ایک زمانہ آتا ہے کہ نئے نئے ممالک جو بالکل مفقود الخبر تھے معلوم کیے جاتے ہیں اور وہاں کے قسم قسم کے پودے عجیب عجیب لوگ گونا گوں جانور انگریزوں کے سامنے لائے جاتے ہیں اور سیاح دور دراز مقامات سے آ کر مشرق اور مغرب کے ہوش ربا قصے بیان کرتے ہیں۔ اس طرح دوسرے اقوام کا تگ و پوئے ترقی میں ان سے بہت آگے ہونا جس کا جزیرہ انگلستان کو خواب و خیال بھی نہ تھا۔ معلوم ہوتا ہے اسی زمانے میں فن طباعت سے بھی واقف ہونے لگے اور کتابیں شائع ہونے لگیں۔ گویا زمانہ سرعت کے ساتھ لوگوں کو معراج ترقی پر بڑھا رہا تھا۔ اب مال اندیش اور عقل مند افراد کے لیے ضروری ہوا کہ وہ اپنی چڑھتی ہوئی بیلوں اور اٹھے ہوئے پودوں کو بارش علم سے نہال اور سرسبز و شاداب کریں تا کہ یہ سرعت سے فلک تک پہنچ جائیں اور خود کو اپنے ہم عصر اقوامِ عالم کی نظروں میں باوقعت ثابت کریں۔ غرض اوائل سنہ عیسوی کے چودہ سو سال ایسے گزرے کہ انگلستان کا کوئی امیر اور نواب بھی اپنے دست خط نہیں کر سکتا تھا صرف پادریوں کا فرقہ ایسا تھا کچھ پڑھ لکھ سکتا تھا۔ اور بہ نسبت دوسروں کے زیادہ معلومات رکھتا تھا۔

اب تک خانقاہوں اور دیگر پادریوں ک مدد سے رف زبان لاطینی میں تعلیم دی جاتی تھی کیوں کہ تمام گرجا اور پادریوں کی زبان لاطینی تھی۔ بادشاہ ہنریؔ ہشتم نے انجیل کا ترجمہ انگریزی میں کرانے کا حکم دیا۔ اب انگلستان میں مذہبی فرائض کچھ کچھ زبان انگریزی میں بھی ادا کیے جانے لگیے۔ لیکن ہنریؔ کے زمانے میں پادریوں کے چند مدرسے مفقود ہو گئے اور نئے مدارس قایم کرنے کی ضرورت پڑی۔ ایڈورڈ چہارم نے

اٹھارہ گرامر اسکول متفرق مقامات پر قائم کیے جس کے بعد ہی بڑے بڑے شہروں میں اور کئی مدرسے قائم ہو گئے جن کے بانی اکثر تاجر تھے لیکن کئی سال بعد تک اس قسم کا بیڑا کسی نے نہیں اٹھایا کہ مزدوروں اور غریبوں کے لڑکوں کو بھی تعلیم دی جائے۔

یہ حالت اور وصدیوں تک قائم رہی جس میں پادریوں اور دوسرے لوگوں نے مذہبی اور خیراتی مدرسے جاری رکھے۔ ۱۷۸۱ء میں رابرٹ ریکس نے سنڈے اسکول قایم کیے جو عام تعلیم کی بنا تھی۔ ایک صدی تک کلیسائے انگلستان کے موافق اور دیگر مذہبی تعلیم دی گئی۔ آخر کار حکومت کو یہ ضرورت محسوس ہوئی کہ زرخیز زمینات اور کارخانہ جات سے زیادہ فائدہ مند اعلیٰ تعلیم یافتہ اور لائق اشخاص ہیں۔ یہ احساس جس قدر بھی فائدہ مند ہے وہ ظاہر ہے اس طرح مسیح سیاٹھارہ سو سال کے بعد ایک زمانہ آتا ہے کہ انگلستان یہ محسوس کرتا ہے کہ ان کے بچے ان بات کے مستحق ہیں کہ ان کو تعلیم و تربیت سے اس بات کا موقع دیا جائے کہ وہ اپنی عیسیٰ نفسی ظاہر کریں۔

مزدوروں اور صناعوں میں ایک زمانے سے گوناگوں پیچیدگیاں برپا ہو رہی تھیں جن کا سنبھالنا دشوار تھا۔ بعض جھگڑوں اور مہموں میں لارڈ جارج گورڈان آرنلڈ جیسے اکھڑ اور غیر قابل لوگ سربرآوردہ تھے۔ ''جو کفر از کعبہ برخیزد کجا ماند مسلمانی'' وہ افراد جنھوں نے مدرسوں میں تعلیم نہیں پائی جس اس بات کے عادی نہیں تھے کہ خود کی فلاح و بہبودی کی نسبت کچھ سوچ سکیں اور جو اس قابل نہیں تھے کہ جھگڑے کے دونوں رخ روشن میں لاسکیں ان کمزور خیال اور ناقص دماغ لوگوں کے پیرو بن گئے اور اتناوش ظاہر کیا کہ خود کو ان کی نفسیات کے بھینٹ چڑھا دیا۔

۱۸۳۳ء میں حکومت نے مختلف فرقوں کو طلبا کی تعلیم کے لیے مدد دی۔ لیکن پھر بھی انیسویں صدی کے اوائل نصف تک انگلستان کے لڑکوں اور لڑکیوں کی ربع تعداد بھی تعلیم یافتہ نہیں تھی۔ مدرسوں کی تعداد بھی کم تھی۔ مدرسہ اکثر کمرہ ہوتا، جس میں معلم ایک بوڑھی عورت ہوتی جو خود بھی اپنے شاگردوں سے زیادہ نہیں جانتی تھی۔ لیکن دوراندیش افراد کے دلوں میں یہ حالت کانٹے کی طرح کھٹک رہی تھی۔ انھوں نے جب دوسرے ممالک کو سرعت کے ساتھ ترقی کرتے دیکھا تو یہ رائے قایم کی کہ جب تک انگلستان کا ہر فرد لکھنے اور پڑھنے نہ لگے گا۔ دیگر قوموں کے مقابلے میں انگریز کوئی اہمیت نہیں حاصل کر سکتے۔

آخر کار ۱۸۷۰ء میں ایک لائق مدبر ڈبلیو جی فارسٹر نے پارلیمنٹ میں ایلی منٹری ایجوکیشن ایکٹ پیش کیا۔ اس کی وجہ سے تمام بچے تعلیم پانے کے لیے مجبور کیے گئے اور ملک میں جہاں جہاں ضرورت تھی ہر طرف بورڈ اسکول قایم کر دیے گئے۔ اس سے ہمیں معلوم ہوتا ہے کہ انگلستان کو غفلت سے جاگنے اور شراب علم کی لذت حاصل کرنے کے لیے (۱۸۷۰) اٹھارہ سو ستر برس درکار تھے لیکن گزشتہ (۵۴) چوپن برس میں انگریزوں نے جو ترقی کی وہ ان ۱۸۷۰ برس کی غفلت کے معاوضے کے لیے کافی ہے۔

۱۹۰۱ء کے ایجوکیشن ایکٹ سے ایلی منٹری مدارس میں تعلیم مفت دی جانے لگی اور اب تک طلبہ کو بہبودی کے لیے بیچ بچاؤ کرتی ہے۔ انگلستان میں اس وقت ہر قسم کی اعلیٰ تعلیم کے لیے مدارس موجود ہیں جن سے طلبہ اعلیٰ تعلیم حاصل کر کے اپنے لیے دنیا میں رتبہ اور مقام تجویز کر سکتے ہیں۔ تجارتی اور صنعت و حرفت کے کثیر التعداد مدارس کے علاوہ عالی شان کتب خانے، نمائش گاہیں، میوزیم، وظائف، ڈاکٹرس، نرسس، نہانے کے تالاب اور دیگر ضرورت کی چیزیں جن کے ذریعے سے قوم کے ایسے افراد بھی جن کو تمول کا چسکہ بھی نہ لگا ہو بلکہ گوڑیوں میں الے گئے ہیں گوڈی کا لال بن کر ساری قوم کو آفتاب درخشاں کی طرح قوت نمو بخش سکتی ہیں۔

(رسالہ ''ارتقاء'' جلد (۴)، شمارہ (۵)، اپریل ۱۹۲۵ء)

مضامین ڈاکٹر سید محی الدین قادری زورؔ جلد اول، مرتب: سید رفیع الدین قادری

فطرت،فلسفہ اور ٹیگور

پروفیسر علی احمد فاطمی

ہر بڑا شاعر اپنی دنیا خود خلق کرتا ہے۔ پیمانے کچھ بھی ہوں لیکن سچ یہ ہے کہ دنیا کی ہر بڑی شاعری کے لیے بنائے ہوئے پیمانے اکثر چھوٹے ہی ہو جاتے ہیں۔ ان کے لیے کچھ اور پیمانے چاہیے جیسے عظیم شاعر مرزا غالب نے کہا تھا ''کچھ اور چاہیے وسعت مرے بیاں کے لیئے'' بلا شک وشبہہ ٹیگور کا شمار بھی عظیم شاعروں میں ہوتا ہے۔ ٹیگور کی عظمت کو سمجھنا ہے واولاً ان کی فطرت کو سمجھئے۔ ان کے ماحول ماحلول کی پابندی اوران پابندی کو توڑت ہوئی بے آواز صدا کو بھی سمجھئے۔ جس کو سننا اور سمجھنا آسان نہیں۔ پھر ہوتا یہی ہے کہ ہم اپنی کم ساعتی اور کم فہمی کو شاعر کی کچھ ادائی سے جوڑ کر اسے کم رتبہ بنانے کی نا سمجھ کوشش کرنے لگتے ہیں۔ لیکن بڑا شاعر تو ہمارا آپ کا امتحان بھی لیتا ہے۔ اوراس کی بڑی شاعری بلندی پر کھڑی مسکراتی رہتی ہے جو حیرت انگیز ہوتی ہے اور نغمہ ریز بھی۔

تفصیل میں جائے بغیر اتنا جاننا کافی ہوگا کہ ٹیگور ایک زمیندار گھرانے اور قصباتی ماحلو کی روایتی نگہبانی اور پروان چڑھے۔ جہاں ابتدأ فطرت اور عورت دور دور تھی۔ لیکن جو اشیاء دور ہوتی ہیں زیادہ پ رکشش ہوتی ہی۔ ں ان کی خوشبو سنو گھنے اور ان کو قریب سے دیکھنے کی للک اور لالچ از خود وجدان میں نمو پانے لگتی ہے خصوصاً حساس فنکار اور معصوم اداکار کے ذ ہن میں۔ اپر پرطرّ ہ یہ کہ ان کا خاندان، والد بڑے بھاء وغیرہ سبھی ادب پرست تھے۔ اپنے کلچر سے پیار کرتے تھے۔ اور اتنا ہی اپنے وطن سے بھی۔ ان کے درمیان ٹیگور کا معصوم ذہن پروان چڑھا، نوجوانی کا وہ دور ٹیگور کی حساسیت کا بےحد اہم تھا خود لکھتے ہیں'' وہ دور میرے لیے دیوانگی کا دور تھا''۔ اور اک جگہ یہ بھی لکھتے ہیں۔

''کوئی شخص اگر یہ سوچے کہ یہ تمام چیزیں محض شاعرانہ خیال
ہیں تو یہ اس کی بھول ہوگی نوجوانی کے شروع میں ایسے
واقعات جن کے لوازمات سے زندگی قائم ہوتی ہے جب تک
اس میں استحکام نہیں آجاتا وہ لوازم ہنگامہ مچاتے رہتے
ہیں''(میری یادیں)

ٹیگور پوری سچائی سے اعتراف کرتے ہیں کہ نوجوانی اور کم سنی کے اس دور کی تخلیقات میں خامیاں تو ہوتی ہی ہیں، بعد کے دور میں اسے پڑھئے و پچھتاوا ہی ہوتا ہے لیکن اس کے بعد یہ بھی کہتے

''وہ عمر تو خامیوں کی ہی ہوتی ہے لیکن یقین ہے کہ وہی کم سنی
اعتماد حاصل کرنے امید لگانے اور خوشیاں منانے کی عمر ہوتی
ہے''۔

اور یہ بے حد قیمتی جملہ

''ان خامیوں کو اگر ایندھن بنا کر جوش و جذبہ کی آنچ سلگتی

رہے تو جسے راکھ بننا ہو تو وہ راکھ میں تبدیل ہو ہی جائے گی لیکن
اس آگ کی جو کارکردگی ہے وہ اس زندگی میں کبھی ناکام نہیں
ہوگی''۔(میری یادیں)

عہدِ طفولیت کے گھیرے، دور سے فطرت کے نظارے، پھر رفتہ رفتہ سمٹتے دائیتے، کھلے آسمان کے نیچے، ناریل کے پیڑ کے سائے میں، رومان وجدان ک یغبار میں باپ کی تربیت، بڑے بھائی کی محبت، رسالہ بھارتی کی اشاعت غرض کی ان سب عناصر نے ٹیگور کے اندر نمو پانے والے معصوم فنکار کو فطرت اور کلچر سے بے پناہ پیار کو جگا دیا۔اس بیداری کا تعلق صرف جذبہ وطن پرستی نہ تھا بلکہ فطرت اور کلچر کے تئیں والہانہ سپردگی بھی تھی۔رفتہ رفتہ یہ وابستگی اور محبت عورت، تعلیم وتربیت وغیرہ کو لیکر ایک بے نام سا تجسس بھی بیدار ہونے لگا جس نے آگے بڑھ کر تفکر و تعلق کی جگہ لے لی۔فطرت میں اگر تجسس شامل ہو جائے اور کلچر میں تفکر، زندگی کی بوالعجبی اور انسان کی کرشمہ سازی تو سب کچھ از خود فکر و فلسفہ کا حصہ بنتے چلے جاتے ہیں۔فطرت اس کی خوبصورتی، تنہائی، تنہائی میں سرسراہٹ ندی کی گنگناہٹ، پرندوں کی چہچہاہٹ خود سے زندگی کی پر اسراریت کو ہوا دینے لگتی ہے۔زندگی عطر بیز بھی ہوتی ہے اور نغمہ ریز بھی۔

زندگی کے اس سفر میں ولایت جانے سے قبل اپنے منجھلے بھائی سے ملنے احمد آباد گئے تو ان کے محل نما مکان کا یہ منظر ملاحظہ کیجیے۔

''اس محل کی دیوار کے قدمیوں میں موسم گرما کی پتلی سی صاف
شفاف سا سابرمتی ندی ایک کنارے پر ریت کے ساتھ بہتی
تھی۔اس ندی کے ساحل پر محل کے سامنے ایک بڑی سی کھلی
چھت تھی۔اس بڑے مکان میں میرے سوا کوئی نہیں رہتا
تھا........ آوازوں میں اگر کوئی آواز سنی جاتی تھی تو وہ صرف
دوپہر میں کبوتروں کی گڑگوں کی آوازیں ہی تھیں۔اس وقت
میں ایک بلاسبب تجسس خالی گھر میں پھرتا رہتا تھا''۔(میری
یادیں)

مکان کا یہ خالی پن اور کبوتر کی گڑگوں اور اس سے زیادہ شفاف سابرمتی وغیرہ اس خالی پن کو رومانی فکر و خیال بلکہ پرواز سے کس قدر مالا مال کر رہی تھی اس کا اندازہ لگایا جا سکتا ہے لیکن یہ اندازہ بھی وہی لوگ لگا سکتے ہیں جو حساس ہی ں سنجیدہ ہیں اور غور و فکر کا جذبہ رکھتے ہیں وہی لوگ یہ سمجھ سکتے ہیں کہ الماری میں رکھی ٹینی سن ک کتاب وہ اثر ڈال سکی جو کبوتر کے گڑگوں کو کوئل کی کوک نے ڈالی۔خود لکھتے ہیں ''ان نظموں کے مقابلے میرے لیے کوئل کی کوک زیادہ اثر دار تھی۔'' اسی مقام پر جب وہ سنسکرت کی بعض کتابیں الٹتے پلٹتے ہیں تو سمجھ میں یہ آنے کے باوجود بحروں کی روانی، سحر آفرینی ڈھول کی تھاپ کی طرح محسوس ہوتی ہے۔شعر و ادب میں فطرت، فطرت میں شاعری اور شاعری میں چاندنی کا احساس ٹیگور کی حسیت و جذباتیت کا غیر معمولی حصہ بنی چلی جاتی ہے۔اور وہ جوانی چاندنی اور ندی کی روانی میں نہا اٹھتے ہیں۔ان کی چہل قدمی میں شاعری کے گھنگھرو بجنے لگتے ہیں۔خود لکھتے ہیں۔

''چاندنی راتوں میں ندی کی جانب پھیلی ہوئی چھت پر ٹہلنا
میرا ایک خبط تھا۔اس چھت پر راتوں کو ٹہلتے ہوئے میں نے
اپنی ہی دھنوں میں مزین گیت لکھے۔ان میں سے بلی اور مار
گولاب بالا، (گلاب کے پھولوں سے خطاب) کے عنوان
سے یہ گیت آج بھی میرے شعری مجموعے کی زینت ہے''۔

سچ یہ ہے کہ بچپن کی پابندی، فطرت سے دوری، عورتوں سے دوری غرض کہ ابتداً دوری ہی دوری تنہاءیاور دوری کبھی کبھی ذہن میں خوابوں کا ایک ہیولٰی تیار کرر دیتی ہے۔خوابوں کا سلسلہ شروع کر دیتی ہے پھر خواب ایک کردار کا روپ لے لیتے ہیں۔ پھروہی کردار غیر شعوری طور پر فنکار کی نفسیات وحسیات کا معصوم و پاکیزہ حصہ بن جاتے ہیں جہاں چاندنی چھپکنے لگتی ہے۔دریالہرانے لگتا ہے۔شجر جھومنے لگتے ہیں اور پرندے چھکنے لگتے ہیں۔ان سب کو چمک، رمق اور دمک میں فطرت پسند انسان وحساس شاعر زندگی کی آواز سننے لگتا ہے،کبھی کبھی یہ آواز، آواز جرس بنتی ہے تو کبھی بانگ رجیل، کبھی اقبال کے یہاں خضر سے سوال کرنے لگتی ہے تو کبھی ٹیگور کے یہاں فطرت اور حسن فطت سے بغلگیر ہوتی ہے اور شاعری کے جذبہ واحساس میں گھل مل کر شاعر کی اپنی فطرت اور حسیت ہی رچ بس جات ہے۔شاید اسی لیے آکسفورڈ انگلس ڈائری میں فطرت یعنی نیچر کے معنی دیئے گئے ہیں۔

''کسی شخص یا شئے کی فطری خصوصیات یا کردار فطرت یا
طبیعت، وہ طبیعی طاقت جو اس عالم مادیت کے کارخانے کو
چلاتی ہے''۔

اس طرح سے کہا جاسکتا ہے کہ خارجی فطرت ہی شخص وشاعر کی باطنی فطرت کو جنم دیتی ہے۔ٹیگور بیرسٹری کی تعلیم حاصل کرنے برطانیہ گئے۔ برطانیہ میں ایک نئی دنیا تھی جو ٹیگور کی دیکھی ہوئی دنیا سے قدرے مختلف، صاف انداز ہ ہوا کہ'' دنیا کی جوشکل دیکھی ہے ی ہو وہ شکل نہیں ہے۔ یہ گویا ایک خواب ہے یا کچھ اور'' ...... یہ احساس بھی انھی ں وہاں کی فطرت کو محظوظ کر کے، برف سے ڈھکی ہوئی زمین کو دیکھ کر ہوا انھیں لگا کہ ہر قریب کی چیز دور چلی گئی ہے اور ہ رشئے برف سے ڈھکی گیان دھیان میں مصروف ہے۔کلکتہ اور کائنات باہم شیر وشکر ہونے لگے سچ یہ ہے کہ فطرت دونوں کے مابین نقطۂ اتصال تھی۔ پھر فطرت فکر میں تبدیل ہوتی ہے اور ایک مانوس سا ربط پیدا ہوتا ہے جو جغرافیائی اجنبیت کو دور کر کے یا کثر بڑے ذہنوں میں نمودار ہوتا ہے۔خواہ وہ کسی مقام۔ ماحول اور علاقہ کے ہوں۔اسی لیے لندن میں رہتے ہوئے ٹیگور یہ کہنے میں ہچکچائے نہیں۔''کسی ایک مقام پر کسی فکر کی توانائی جمع ہو جاتی ہے تو وہ دوسری جگہ رازدارانہ طور پر دوسری طرف منتقل ہو جاتی ہے۔'' جو کبھی کبھی فطرت کی حیرت زائی سے گونگا بھی کر دیتی ہے اس لیے کہ وہ وقت تخلیقی عمل کا کام، فطرت کے امتزاج وانجذ اب کا زیادہ ہوتا ہے جس کے پہلو پہلو سے نظمیں جنم لیتی ہیں۔

لندن میں ایک غیر معمولی فطری منظر سے متاثر بلکہ غرق ہونے کے بعد ہزار کوششوں کے باوجود وہ نظم نہیں کہہ پائے لیکن ایک بار جب شعور طور پر نظم کہنے کا اراہ کیا تو ان پر کیا گذری انھیں کی زبان سنئے۔

''ایک دن ہاتھ میں بیاض؟ اور سر پر چھتری لے کر نیلے سندر (آسمان) اور سمندر کے کنارے پہاڑوں کے درمیان ایک شاعر کے فرائض ادا کرنے گیا۔ میں نے خوبصورت جگہ کا انتخاب کیا تھا...... ایک سالم ساحلی پتھر سدا سمندر کی طرف جھکا سا تھا، جھاگ کی لکیریں رفقیق نیلے رنگ کے جھولے پر دن کے نیلے آسمان پر جھولا جھولتے ہوئے گیت میں مگن ہو کر مسکراتے ہوئے سو رہی ہیں...... عقب میں قطار میں کھڑے نو بر کے خوشبودار سائے جنگل کے آنچل کی طرح لہرا رہے ہیں۔ اسی پتھر کی مسند پر بیٹھ کر مگنتری (غرقاب کشتی) کے عنوان سے ایک نظم کہی تھی۔ وہی سمندر کے پانی میں ڈال کر آ جانے پر شاید آج بیٹھ بیٹھ کر سوچتا کہ وہ نظم تو اچھی ہوتی تھی لیکن وہ رواہ تو مسدود ہو گئی ہے''۔ (میری یادیں)

لیکن وہ نظم بھی وہیں غرقاب ہو گئی۔ نظم تو کسی طرح ہو گئی لیکن راستے مسدود کر گئی اور یہ احساس بھی دلا گئی کہ شاعری اور مصوری میں بہر حال فرق ہوا کرتا ہے۔ ٹیگور نے اس نظم کو اپنے مجموعے سے خارج کر دیا کہ اس میں باہر کا حسن زیادہ تھا۔ اندر کا حسن کم۔ صرف آنکھوں سے دیکھ کر اور دل میں ڈوب کر نظم کہنے کے درمیان کیا فرق ہوا کرتا ہے۔ فطرت کیا ہوتی ہے حسن فطرت کے احساسات تخیل و وجدان کا نرم و نازک حصہ کسی طرح بنتے ہیں۔ یہ بات قلم، کاغذ اور نیلی چھتری سے طے نہیں ہوتی۔ یہ ایسا احساس ہوتا ہے جو نا قابل بیان ضرور ہوتا ہے لیکن پھر بھی آگے چل کر ٹیگور نے ''حسن کا احساس'' کے مضمون میں اس کا کچھ اس طرح بیان کیا ہے۔

''انسان بالآخر اس بات سے واقف ہو گیا ہے کہ یہ صراس کے ادراک کی محدودیت ہے جو اس کے جمالیاتی شعور کے میدان کو حسن اور بدصورتی میں تقسیم کرتی ہے۔ جب اس میں چیزوں کو ذاتی مفاد اور حواس کے فقدان کے مسلسل مطالبات سے الگ کر کے دیکھنے کی قوت پیدا ہوگی۔ ب ہی اس میں ہر طرف پھیلے ہوئے حسن کو دیکھنے کی بصیرت حاصل ہوگی۔ اسی وقت یہ محسوس کر سکتا ہے کہ جو چیز ہمیں خوشگوار نہیں لگتی وہ لازمی طور پر بدصورت نہیں بلکہ حقیقت میں حسین ہوتی ہے''۔

عمر کی اس منزل پر جب سچائی کی روشنی پورے طور سے واضح نہ ہو فلسفہ حیات سمجھنے کا شعور نہ ہو پھر وہاں فطرت اپنا کام کرتی ہے۔ شفق کی لالی ادراک بن کر رگِ جاں میں اُتر جاتی ہے شام کا دھندلکا ایک نئی روشنی دیتا ہے خون جگر ٹھاٹھیں مارتے ہوئے سمندر کا روپ اختیار کر لیتا ہے کم و بیش یہی کیفیت ان کی نظم ''دل شکستہ'' میں پائی جاتی ہے جسے انھوں نے محض اٹھارہ برس کی عمر میں کہا تھا۔ اس عمر میں بھی چیزیں اٹھارہ برس کی ہو جاتی ہیں۔ حقیقی دنیا بھی تصورات کے دھند میں لپٹ جاتی ہے۔ کچھ اشارے ہوتے ہیں، کچھ سائے، کچھ حقیقت ہوتی ہے تو اس سے زیادہ رومان اور سر پر نیلا آسمان اور زمین پر تخیل و وجدان۔ مادی دنیا سے دور، ایک ایسا انسان جہاں صرف دل کا معاملہ ہوتا ہے دماغ کا نہیں، دنیا کا تو بالکل نہیں۔ ایک منظم سی بدنظمی۔ ایک بے ترتیب، کیا اچھی بات ٹیگور نے کہی ہے۔

''اسی طرح ناپختہ ذہن کے جھٹ پٹے میں بے شمار جذبات عجیب و غریب شکل اختیار کر کے ایک بے نام سا سمت اور لامتناہی جنگل کے سائے میں گھومتے رہتے ہیں''۔

یا

''جب زندگی ایک ناکام حالت میں خوابیدہ صلاحیتیں اُجاگر ہونے کے کوشاں رہتی ہیں جب سچائی کو ہم دیکھ پاتے ہیں اور وہ ہمارے بس سے باہر نہیں ہوتی ہیں، تب وہ کثرت کے ذریعہ ہی اپنا اعلان کرنے کی کوشش کرتی ہیں'' (میری یادیں)

عنفوانِ شباب سے وابستہ فطرت کی یہ پاکیزہ کیفیت اور معصوم سی یہ خلش و تپش اس وقت تک قایم رہتی ہے جب تک زندگی کے تلخ

ایام اور گردش صبح و شام اخلاقیات کی ایک نئی دنیا میں نہیں لے جاتی مشکل یہ بھی ہے کہ اکثر زندگی دل کی ان کیفیتوں سے دور صرف دماغ بلکہ اکثر بے دماغی سے ٹکراہوٹوں میں مبتلا رہتی ہے۔لیکن یہاں بھی ٹیگور جیسا بڑا ادیب فطرت کو انسانی فطرت میں بدل کر دیکھتا ہے سماج کے پیچ وخم، سرد و گرم کو آنکنے کا ایک راستہ راست نوعیت کا ہوتا ہے جو اکثر غیر ادب ہوتا ہے لیک اس الجھن کو ذہن اور ویژن دینے کا کام شیکسپیر ، غالب جیسے بڑے فنکاروں نے کیا۔ٹیگور بھی کہتے ہیں ۔

''دل کو جہاں اخلاق اور سلوک کی چادر میں چھپے ہونے کے
باعث اپنی مکمل شناخت پیش کرنے کا موقع فراہم نہیں کرتا
وہاں آزاد اور سرگرم دلوں کے کارناموں کے دیپک راگ
سے ہم متعجب ہو گئے تھے''

اس دیپک راگ کے سرانیک ہیں جو کبھی نو بائرن کی شاعی میں سنائی دیتے ہیں کہ انقلاب فرانس کے بعد فرانس کے مذہب سماج کے دل کو بائرن نے فطرت میں بدل دیا۔انگریزی کی رومانی شاعری اور رومانی تحریک پس پردہ فطرت کے رول کی نمائندگی کچھ اسی طرح کے دل جذبات کے ترجمان کرتی ہے۔اردو میں بھی اقبال، جوش، فیض وغیرہ کی نیم رومانی فلسفیانہ شاعری سماج کو فطرت اور فطرت کو سماج بدلتے ہوئے دیکھنا چاہتی ہے۔ٹیگور کی نظمیں اور گیتوں کو بھی سرسنسار ملا۔خود لکھتے ہیں ۔

''انگریزی ادب کے یہی رجحان ہمارے ملک کے تعلیم یافتہ
نوجوانوں میں خصوصی طور پر سرایت کر گیا تھا۔اسی سرگرمی کی
لہروں نے بچپن میں ہم لوگوں پر چاروں طرف سے حملہ کیا
تھا۔اس لیے پہلی بیداری کے ایام ضبط کے نہیں بلکہ جوش و
ولولہ کے ہی تھی''۔

اور یہ قیمتی جملے

''دلی جذبات محض ادب کا ایک آلہ ہے یہ مقصد نہیں ہے۔
ادب کا مقصد مکمل حسن ، ضبط اور سادگی ہے۔ اس بات کو
انگریزی ادب نے کبھی تسلیم نہیں کیا ہے''۔

ٹیگور کا خیال ہے کہ شعر و ادب میں سچائی کو دماغ سے زیادہ دل سے قبول کرنے کی ضرورت ہوتی ہے۔ادب میں اس کو دل سے محسوس کرنا ہی اس کا بامعنی اور بامقصد ہوتا ہے۔ٹیگور کے اس خیال سے اختلاف کی گنجائش نکل سکتی ہے لکن آگے چل کر ان کے بامعنی میں بامقصد بھی جڑتا چلتا ہے اور یہ احساس بھی کہ انھوں نے ادب، شاعری، حسن وغیرہ کے بارے میں جو کچھ سوچا وہ پورے طور پر درست ہو۔کچھ غلطیاں ان سے ہوئی ہیں یہ اعتراف انھوں نے ترقی پسند تحریک کے تعلق سے دیئے گئے پیغامات اور خطبات میں کیے ہیں۔یہاں ان کے خیالات کو غلط ثابت کرنا یا ان کے خیالات کی تردید کرنا ہرگز مقصد نہیں ہے بلکہ صرف اتنا کہ ان کی زندگی میں فطرت کا کیا رول اور سچائی وحسن کی تلاش میں فطرت کس طرح کروٹ

بدل بدل کر فکر کا روپ دھارن کرتی رہی اور شعر و ادب کے بارے میں ان کے نرم و نازک افکار کو جنم دیتی رہی۔ اس کا طائرانہ اظہار۔

ٹیگور نے بار بار اس بات کا اظہار کیا ہے کہ میں صرف اپنے دلی جذبات پر یقین رکھتا تھا اور اسی جذبہ کو ایک آگ کی طرح روشن کرنا چاہتا تھا اور اس آگ کی روشنی میں حیات و کائنات کو سمجھنا چاہتا تھا۔ سچائی کو تلاش کرنا چاہتا تھا۔ یہ تلاش اور یہ آگ ان کے زلفوں و گیتوں روح بن کر دوڑیں تبھی وہ کہتے ہیں۔

> ''گیتانجلی میں میرے جو گیت ہیں وہ میں نے قصداً انہیں لکھے ہیں۔ دراصل یہ میری روح کی آوازیں ہیں۔ میری روح کی عبادتیں ہیں ان کے اندر میری زندگی کے وہ سارے دکھ سکھ ہیں وہ ساری بندگیاں ہیں جو الفاظ کا روپ دھارن کر چکی ہیں''۔

اور یہ جملے

> ''ایک ذہنی تفکر دل کے سرور کے لیے انتہائی ضروری ہے۔ دکھ سے کنارہ کشی کی خواہش نہیں بلکہ صرف اس کی لہریں ہی لطف اندوزی کا سامان ہوا کرتی ہیں۔ اسی لیے تو شاعری میں اس کا بازار گرم ہو گیا''۔

ملاحظہ کیجئے اردو شاعری میں جہاں غم کو دولت غم، نشاط غم یا فلسفہ غم کہا گیا اور غم کے چلے جانے پر ساری کائنات کو چلے جانے کو کہا گیا (غم گیا ساری کائنات گئی) لیکن ٹیگور کے یہاں اردو شاعری کا راویتی غم نہیں ملتا۔ ذاتی غم بھی نہیں ملتا۔ غم کے اشارے ملتے ہیں اور کہیں کہیں سائے جیسے وہ فطرت کے بڑے فلسفہ میں ڈھال کر رومانی بنا دیتے ہیں جو آگے چل کر وجدانی شکل اختیار کر لیے ہیں۔

گھر کی زمیندارانہ کیفیت اور پدرانہ تربیت کی وجہ سے ٹیگور اپنی ذات میں محصور رہے جس کا اعتراف انھوں نے بار بار کیا ہے۔ لکن یہ حصار ایسا نہ تھا کہ جو دنیا سے بیگانہ کر دے۔ تعلق کو ختم کر دے۔ شاید اسی کو دیکھ کر اردو کے ممتاز ترقی پسند ناقد اختر حسین رائے پوری نے ٹیگور پر فراریت کا الزام بھی لگایا۔ خود ٹیگور نے بھی کہا تھا کہ ایک وقت تھا جب میں خود ہی اپنی ذات میں کھویا ہوا تھا بے سبب احساسات اور بے مقصد آرزوؤں کے مابین میرا تصور مختلف بھیسوں میں سرگرداں تھا۔ اس طرح کی نظمیں ''دلکی وحشتیں'' میں شامل ہیں۔

ٹیگور کا بڑا گھر اور اتنی ہی بڑی تنہائی چنانچہ دل تنہا، جسم تنہا تو دماغ بھی تنہا ہو ہی جائے گا۔ لاشعوری طور پر وہ تنہائی کی فطرت اور فطرت کی تنہائی کے قریب تر ہوتے گئے۔ ایسے ہی ایک احساس جاگا کہ .... ''میرا تمام تر اندرون جاگ اٹھا دیکھا جو بھی لکھتا تھا وہ مکمل میرا ہی ہوتا تھا۔ بیرون کی دنیا قریب سے مجھنے کے لیے اندرون کا جاگنا ضروری ہوا کرتا ہے۔ حالاں کہ ٹیگوری بھی کہتے ہیں ''اسے کوئی بھی باعث فخر محسوس نہ کرے لیکن ہوتا کچھ یوں ہے کہ یہ تنہائی اور اس کی شدت پہلے اصولوں کو توڑتی ہے اس کے بعد اصولوں کو خود اپنے اختیار میں لیتی ہے۔ ت وہ صحیح معنوں میں آپ کے اختیار میں ہوتی ہے''۔

بعد میں ٹیگور کا یہی رویہ اپنی شاعری کے بارے میں بھی رہا۔ یہی نہیں وہ آرٹ اور فن کے بارے میں بھی ایک الگ قسم کی رائے رکھتے ہیں۔ ایک جگہ لکھتے ہیں۔

''ہم دماغ بھی رکھتے ہیں اور دماغ اپنی خوراک تلاش کرتا ہے۔ دماغ اشیا میں منطق تلاش کرتا ہے۔ اس کا مقابلہ صداقتوں کی مختلف النوع پہلوؤں سے پڑتا ہے اور وہ الجھ کر رہ جاتا ہے جب وہ چیزوں کے متضاد پہلوؤں میں کوئی اصول وحدت تلاش کرنے میں ناکام رہتا ہے''

ساتھ ہی میں وہ یہ بھی کہتے ہیں۔

''انسان کی ذاتی شخصیت، جسمانی اور دماغی ضرورتوں سے برتر اور ماورا اس مقام پر ہے جہاں وہ بیکار اور مفید ہونے کے پہلوؤں سے آزاد ہے۔ یہ انسان میں سب سے بلند عنصر ہے یعنی اس کی ذاتی شخصیت اس وسیع وعریض دنیا سے اس کے اپنے ذاتی رشتے ہیں اور وہ اپنی ذات کی تشکیل کے لیے اس سے وابستہ ہے''۔

صدفی صد خارجی دنیا میں جینے والوں اور آرٹ وفن کو بھی اسی انداز سے برتنے والوں کو ٹیگور کے اس خیال سے اختلاف ہو سکتا ہے اور ہوا بھی لیکن ان سب کے باوجود یہ تو تسلیم کیا گیا ہے کہ ٹیگور کی فطرت اور فلسفہ دونوں ہی اس وسیع وعریض دنیا سے ماورائی انداز سے سہی رشتے تو بناتی ہے جہاں فطرت حسن اور فلسفہ حسن خود ایک اپنی دنیا بنا لیتا ہے جسے آسانی سے سمجھنا پانا عموماً مشکل ہوا کرتا ہے اسی لیے ٹیگور کا کہنا ہے ک باہر کی دنیا ایک طرح سے میکانکی رویوں کا ڈھیر ہوتی ہے۔ ہمارے لیے کچھ اشیا ضرور پیدا کر جاتی ہی ں لیکن احساس کی دنیا میں یہ محض پرچھائیاں ہوتی ہیں اس لیے کہ احساس وتصور کی دنیا لامحدود ہوتی ہے جہاں سائنس بھی اپنا منہ موڑ لیتی ہے اور یہ اعلیٰ مقام آرٹ اور فن حاصل کر لیتا ہے اور بڑی شاعری اسی نقطہ عروج سے جنم لیتی ہے۔ اس کو آپ جو بھی نام دیں۔ بیگانگی، تنہائی یا احساس کی گہرائی۔ ٹیگور یہیں سے الگ ہوتے ہوئے اپنی منفرد و معیاری پہچان بناتے ہیں۔ ٹیگور پر لکھتے ہوئے فراق گورکھپوری نے ایک مضمون میں ٹھیک ہی لکھا تھا۔

''بات یہ ہے کہ شعرا فلسفیوں کی طرح منطق میں اپنے کو محدود نہیں رکھ سکت ان کو اس کو اس کی ضرورت نہیں کہ اپنے کمال اور تخیل کو منطق پر قربان کر دیں قیود منطق سے کلام ٹیگور بالکل آزاد ہے''۔

ایک جگہ اور لکھتے ہیں۔

''ٹیگور کا کلام ڈرامیٹک آرٹ کا اعلیٰ نمونہ اور شاعرانہ بیگانگی کی بہترین مثال ہے..... یہ انتہا درجے کی بیگانگی اور انتہا درجے کی ہمدردی ٹیگور کی کامیابی کا راز ہے''۔

فراق کے ان جملوں پر غور کرنے کی ضرورت ہے وہ بیگانگی کے ساتھ ہمدردی لفظ کا بھی استعمال کرتیہیں اگر صحیح ہے اور یقیناً صحیح ہے کہ

یہ ہمدردی کیا ہے اور کس نوعیت کی ہے۔ یہ ہمدردی فطرت سے ہے۔ عورت سے ہے۔ انسان سے ہے مایوسی کائنات سے۔ اس ہمدردی کا بے محابا اعلان نہیں ہے یہ تخیل وتصور کی پرواز سے جنم لیتی ہے اور فطرت میں سما جاتی ہے اسی لیے فراق یہ لکھنے پر مجبور ہوئے۔

> ''ٹیگور کے تخیل کی وسعت و جولانی محتاج بیان نہیں۔ وہ ہر طرح کے انسانوں اور انسان کے مختلف جذبات کی کیفیتوں کو ایسا اپنا لیتے ہیں اور اس میں شاعرانہ جوش وخروش و یگانگی اس طرح کوٹ کوٹ کر بھر دیتے ہیں گویا وہ ان ہی کا حصہ ہے...... ان کا تخیل فطرت انسانی پر اتنا حاوی ہے اور ان کی شاعری اصلیت میں اس قدر ڈوبی ہوتی ہے گویا انھوں نے اپنی شخصیت میں تحلیل کر دی ہے''۔

اس لیے اگر آپ کو ٹیگور کی شاعری۔ افسانہ نگاری کو سمجھنا ہے تو پہلے ٹیگور کو سمجھنا ہوگا۔ ان کا ذہن، ان کی نفسیات ان کے جذبہ فطرت اور احساس حسن کو سمجھنا ہوگا جس میں فطرت اور حسن کی نزاکت، پراسراریت اور حرارت کا ایک ایسا طوفان لہریں مارتا نظر آئے گا جس ک و پکڑ نا آسان نہیں، اس لیے کہ یہاں جمبہ، تخیل، تصور، تفکر، تصوف سبھی پوری لطافت اور گھلاوٹ کے ساتھ شیر وشکرہ و جاتے ہیں اور مسرت سے بصیرت تک کا ایک غبار آمیز اور شبنم ریز سفر طے کرتے ہیں۔ مسرت کے بارے میں وہ کہتے ہی۔ ''کوئی چیز اسی وقت مکمل طور پر ہماری اپنی ہوسکتی ہے جب وہ ہمارے لیے مسرت بخش ہو۔'' اس جملے سے صاف اندازہ ہوتا ہے کہ ٹیگور مسرت کو علیحدگی (Isolation) میں نہیں لیتے یا ان کا تصویرِ فطرت و مسرت ماورائی نہیں ہے۔ وہ زندگی کے اشیا کے ذریعہ ہی مسرتوں تک پہنچنے کی کوشش کرتے ہیں۔ ان کے باطن کا احساس خارج سے ہی پیدا ہوتا ہے۔ فطرت سے، عورت سے، فکر و عمل سے، رومان وجدان سے غرض کہ پوری کائنات سے وہ جو کہتے ہیں۔ ''حسن ہ رطرف ہے اس لیے ہر چیز سے ہمیں مسرت حاصل ہوسکتی ہے۔'' ''یہ سچائی ہر جگہ موجود ہے اس لیے ہر چیز عم کے دائرے میں ہے''۔

وہ یہ بھی کہتے ہیں جیسے جیسے ہمارا شعور بیدار ہوتا جائیگا حسن جمال تیز تر ہوتی جائے گی یوں بھی مذہبی کتابوں میں اس کے اشارے ملتے ہیں کہ کائنات کی تخلیق ایک لامحدود مسرت کے لیے ہی کی گئی ہے۔ اچھی بات یہ ہے کہ ٹیگور فطرت، صداقت، حسن وغیرہ کو الگ الگ نہیں دیکھتے وہ اسی دنیا اور معاشرے سے جوڑ کر دیکھتے ہیں۔ ان کی یہ وابستگی اور ہم آہنگی انھیں انفرادیت اور فراریت دونوں سے بلند کر دیتی ہے لیکن ان تمام تذکروں کا یہ مطلب بھی نہیں کہ دنیا میں بدصورتی نہیں ہے، جھوٹ نہیں ہے ایک جگہ لکھتے ہیں۔

> ''جب ہم یہ کہتے ہیں کہ ہرف طرف حسن ہی ہے تو اس کا یہ مطلب نہیں ہے کہ اپنی زبان سے بدصورتی کا لفظ خارج کر دیا جاے۔ یہ کہنا اتنا ہی بے معنی ہے جتنا کہ یہ کہنا کہ جھوٹ کچھ نہیں ہے۔ یقیناً جوھٹ موجود ہے لیکن یہ جھوٹ کائنات میں نہیں بلکہ ہماری قوت ادراک میں اس کے منفی عنصر کے طور پر

موجود ہے۔ بدصورتی بھی اسی طرح ہماری زندگی میں حسن
کے بگڑے ہوئے اظہار اور سچائی کے نامکمل احساس سے جنم
لینے والے فن میں موجود ہے۔ ہمارے اندر ہر چیز کے اندر
موجود سچائی کے اس قانون کے خلاف ہم اپنی زندگی کو ایک حد
تک برقرار رکھ سکتے ہیں۔اسی طرح ہر جگہ موجود ہم آہنگی کے
ابدی قانون کے خلاف عمل کر کے ہم بدصورتی ہی میں اضافہ کر
سکتے ہیں''۔(حسن کا احساس)

ان تمام مکروہ سچائیوں کے باوجود وہ بدصورتی میں صورت اور غیر حسن تلاش کرتے ہیں جیسے پریم چند نے تلاش کیا لیکن پریم چند کی تلاش میں زمینی صداقت اور حقیقت ہے اور ٹیگور کے یہاں رومانیت اور کہیں کہیں پر اسراریت جو انھیں فطرت کی پر اسراریت اور حسن کی رمزیت سے جوڑتی ہے۔ جسے بعض نقادوں نے روحانیت اور ماورائیت سے جوڑ کر دیکھا جو شاید غلط بھی نہیں ہے۔ یہی وجہ ہے کہ کبھی سریت روحانی تصور میں ڈھل جاتی ہے اور کبھی رومانیت حقیقت ابدی کا روپ اختیار کر لیتی ہے بڑی شاعری یوں بھی رومانی احساسات اور سری تجربات یا تجربات کی سریت کی دین ہوا کرتی ہے جس کے لیے شعور علم سے زیادہ شعورِ کائنات ضروری ہوا کرتا ہے۔ یہی شعور کائنات جب انسانی و آفاقی قدروں میں ڈھل کر شعری پیکر میں جذب ہوتا ہے و ایسی بڑی بامعنی اور بامقصد شاعری ہر عہد میں اپنی معنویت کی روشنی بکھیرتی رہتی ہے اور وہ اپنے عہد کی سرحد پار کر کے ہمہ عہدی ہو جاتی ہے۔ ویسے بھی جہاں نغمہ نغمہ حیات بن جاتے فطرت، فطرت کائنات ہو جائے جہاں آنسو موتی اور موتی آنسو بن جائیں۔اور جہاں بقول جوش ملیح آبادی۔'' جہاں نوحوں کی گود میں راگنیاں پروان چڑھنے لگیں۔ جہاں پلکوں کی نوک پر آسمان تولے جانے لگیں۔ ہاں شعور کی چھلنی کائنات چھانی جاتی ہو۔ جہاں اوس کی بوندو میں الاؤ روشن کیے جاتے ہوں جہاں بوئے گل محبت بن جاتی ہو''۔ وہاں سے ٹیگور کی شاعری اور فن کاری جنم لیتی ہے۔ان کی غیر معمولی تصنیف سادھنا کی چند سطروں پر مضمون ختم کرتا ہوں۔ان کو پڑھیے اور پڑھنے کے بعد سوچئے کہ کیا ٹیگور صرف فطرت پسند تھے۔کیا ٹیگور کا عشق صرف قدرت سے تھا۔پوری کائنات سے نہیں تھا۔

''ہمیں معلوم ہونا چاہیے ہر ملک انسانیت کا حصہ ہے اور ہر
ایک کو اس سوال کا جواب دینا ہے! آپ کے پاس انسان کو
دینے کے لیے کیا ہے، آپ نے خوش حالی کے کون سے نئے
طریقے ایجاد کیے ہیں؟ جیسے ہی کوئی اس دریافت کے لیے
ضروری حیات بخش قوت کھو دیتا ہے وہ مردہ زن یعنی آفاقی
انسان کی تنظیم کا ایک مفلوج رکن بن جاتا ہے۔صرف وجود
باقی رہنا کوئی شان کی بات نہیں ہے''۔

''ہمارے عہد کی ایک نئی سچائی ایک نئی زندگی کی یہ موجیں ہیں

جو ہمیں کام کرنے پر آمادہ کرتی ہیں۔ تاہم روح کی اساس
میں اس چاہت کا ایک رجحان ہے کہ سامان آرائش کے طور پر
اپنی انفرادیت سے انسانیت وزینت بخشی جائے''۔

انفرادیت سے انسانیت تک یہ سفر یہ رجحان دنیا کے تمام رجحانوں کو پیچھے چھوڑ دیتا ہے خواہ وہ اشتراکیت ہی کیوں نہ ہو۔ ٹیگور صرف اپنے عہد تک محدود نہیں تھے بلکہ ان کے اقدار وافکار انسانی مستقبل کی بصیرت رکھتے تھے۔ یہی وجہ ہے کہ وہ کل ہمارے لیے جتنے اہم تھے آج بھی ہمارے لیے اتنے ہی اہم، کارآمد اور عظیم ہیں۔

OOO

2021ء کے اہم افسانوی مجموعے

ــــــــــــــــــــــــ پروفیسر اسلم جمشید پوری

2021ء میں فکشن میں کیا کیا لکھا گیا۔کون سے افسانوی مجموعے مشہور ہوئے۔کن افسانوی مجموعوں نے کافی دھوم مچائی اورکون سے افسانوی مجموعے سال کے آخر میں اشاعت پذیر ہوئے۔

''**بھور بھئی جاگو**'' نورالحسنین کا تازہ افسانوی مجموعہ ہے۔اس سے قبل ان کے چار افسانوی مجموعے''سمٹتے دائرے''(1985)،''مور رقص اور تماشائی(1988)،''گڑھی میں اترتی شام''(1999) فقط بیان تک(2012) اور چار ناول'' آہنکار''(2005)،''ایوانوں کے خوابیدہ چراغ''(2013)،''چاند ہم سے باتیں کرتا ہے''(2015) اور''تلک الایام''(2019) منظر عام پر آ چکے ہیں۔

نورالحسنین ہمارے عہد کے معروف فکشن نگار ہیں۔ان کے افسانوں میں تہذیبوں کی شکست و ریخت، جا گیر دارانہ نظام کی جھلک، تاریخی واقعات، پیار ومحبت کے ترانے، زمینی سچائیاں اور آس پاس کا ماحول کچھ اس طور افسانے میں ڈھلتا ہے کہ قاری افسانوں کے اسلوب کے سحر میں گرفتار ہو جاتا ہے۔

''بھور بھئی جاگو'' میں بھی کئی افسانے یہ عشق نہیں آساں، یہ تیرے پر اسرار بندے، گڑھی سے ابھرتا سورج، بھور بھئی جاگو، پھر مجھے دیدۂ تر یاد آیا اور سبزہ نورستہ کا نوحہ بے مثل افسانے ہیں۔ان کو پڑھتے پڑھتے قاری ان میں کھو جاتا ہے۔ڈاکٹر نگار عظیم نورالحسنین کی افسانہ نگاری کے تعلق سے لکھتی ہیں:

> ''نورالحسنین کا شمار انہیں تخلیق کاروں میں ہوتا ہے۔نورالحسنین نے زندگی کی دھوپ چھاؤں دیکھی ہے، وہ زندگی کے نشیب وفراز سے پاؤں میں چھالے لے کر گزرے ہیں، درد کی چبھن کو محسوس کیا ہے، چہروں کی جھریوں کو پڑھا ہے۔ تنہائی کے تلخ گھونٹ بھی پیے ہیں تو محبت سے سرشار بھی ہوئے ہیں۔ادب کی پہلی سیڑھی پر قدم رکھنے سے پہلے ہی وہ اس کی افادیت اور اصول کو سمجھ چکے تھے کہ جو ادب سماج سے کٹ کر لکھا جاتا ہے وہ محض لفاظی ہوتا ہے۔'' [فلیپ کور، بھور بھئی جاگو، ڈاکٹر نگار عظیم]

نذیر فتح پوری کے افسانوں کا تازہ مجموعہ''**کورونا وائرس: بائیس کہانیاں**'' کے عنوان سے اسباق پبلی کیشنز، پونہ سے شائع ہوا ہے۔اس سے قبل ان کے کئی افسانوی مجموعے، افسانچوں کے مجموعے، ناول، سفر نامے، تحقیق وتنقید، سوانح اور صحافت پر کئی درجن کتابیں منظر عام پر آ چکی ہیں۔

ہم سب جانتے ہیں کرونا جیسی مہلک عالمی وبا نے ہمیں لاک ڈاؤن میں اپنے گھروں میں قید کر دیا تھا۔ بہت سے لوگوں کے سامنے روزی روٹی کا مسئلہ تھا۔اردو کے تخلیق کاروں نے اس سے متاثر ہو کر بہت سے ناول اور کہانیاں تحریر کی ہیں۔نذیر فتح پوری نے لاک ڈاؤن میں متعدد کہانیاں لکھیں۔مذکورہ مجموعے میں تقریباً بائیس ایسی کہانیاں موجود ہیں جو لاک ڈاؤن میں لکھی گئیں۔ان میں سے کچھ قاری کو بہت متاثر کرتی ہیں۔مثلاً آ اب لوٹ چلیں، اپنے لوگ، آخری سفر، چل مسافر چل، یہ کہانی بھر میسج، ہندو، مسلم، ماں، پٹریوں پر بکھری زندگی وغیرہ کہانیوں

کے قصے کہانی نے متاثر کیا ہے۔

''**آج میں کل تو**'' ڈاکٹر مشتاق احمد وانی کا چھٹا افسانوی مجموعہ ہے جسے ایجوکیشنل پبلشنگ ہاؤس، دہلی نے شائع کیا ہے۔ مجموعہ کل 192 رصفحات پر مشتمل ہے جب کہ 95 رصفحات پر مشتاق احمد وانی کے مختلف مجموعوں اور افسانہ نگاری کے تعلق سے شموئیل احمد، عبدالصمد، ابن کنول،، تنویر اختر رومانی ابراہیم افسر وغیرہ کے مضامین شامل ہیں اور باقی کے صفحات پر ڈاکٹر مشتاق احمد وانی کے تقریباً 17 رافسانے شامل اشاعت ہیں۔ کہنے کی ضرورت نہیں کہ یہ افسانے کشمیر کی فضا کو عام طور پر پیش کرتے ہیں۔ یوں بھی ڈاکٹر مشتاق احمد وانی کے افسانے مذہبی اور اصلاحی رنگ لیے ہوتے ہیں یا پھر جنس کا استعمال ان کے یہاں بخوبی دیکھنے کو ملتا ہے۔ اس مجموعے میں تین چار افسانچے بھی شامل ہیں کل ملا کر یہ کہا جا سکتا ہے کہ ان افسانوں میں علاقائیت، مذہبیت، کشمیریت اور جنسیت جیسے مختلف رنگ ملتے ہیں۔ ساتھ ہی ساتھ کورونا جیسی مہلک بیماری پر بھی کئی افسانوں پر اثرات دیکھے جا سکتے ہیں۔

''**حرف حرف تیرے نام**'' ندیم راعی مرادآبادی کا افسانوں کا تازہ مجموعہ ہے جو مرادآباد سے شائع ہوا ہے۔ اس سے قبل ندیم راعی کے افسانوں کا مجموعہ ''ایسی ایک عید'' منظر عام پر آ چکا ہے۔ ندیم راعی کے افسانوں میں ایک خوبی یہ پائی جاتی ہے کہ وہ بڑے نڈر اور بے باک ہو کر افسانے لکھتے ہیں۔ وہ اپنے افسانوں میں سیاسی شخصیات کا صحیح نام استعمال کرنے سے بھی پرہیز نہیں کرتے۔ ان کے زیادہ تر افسانے سیاست اور سماج کو بے نقاب کرتے ہیں۔

''حرف حرف تیرے نام'' میں ان کے تقریباً اکیس افسانے شامل ہیں۔ یہ سبھی افسانے کسی نہ کسی طور بڑے اہم ہیں۔ کہیں کہیں افسانوں میں خطابت کا رنگ واضح ہو جاتا ہے جو افسانے کے لیے کسی بھی طرح سودمند نہیں۔ آپ کی افسانہ نگاری کے تعلق سے ڈاکٹر اطہر مسعود خاں لکھتے ہیں:

> ''ندیم راعی کی سبھی کہانیاں غور فکر، تدبر، فہم، وفراست، مسائل، سماجی حالات اور اخلاقیات کے بارے میں ہماری توجہ مبذول کرانے میں کامیاب ہوئی ہیں۔ ابھی ان کا ادبی سفر جاری وساری ہے۔ اس لیے اردو ادب کے قارئین کو ان کے قلم سے اور بھی اچھی کہانیوں کی توقع کرنی چاہئے۔''

[حرف حرف تیرے نام، ندیم راعی، مضمون ڈاکٹر اطہر مسعود، ص 21]

''**نقش فریادی**'' راجہ یوسف کا دوسرا افسانوی مجموعہ ہے جسے جی این کے پبلی کیشنز، کشمیر نے بڑے اہتمام سے شائع کیا ہے۔ اس سے قبل ان کا ایک افسانوی مجموعہ ''کاغذی پیرہن'' 1988 میں شائع ہو کر مقبول ہو چکا ہے۔

''نقش فریادی'' میں راجہ یوسف کے 33 رافسانے اور 27 افسانچے شامل ہیں۔ راجہ یوسف کے افسانے اختصار کے وصف سے متصف ہوتے ہیں۔ ان کے افسانوں میں راست بیانیہ کے ساتھ ساتھ علامتی بیانیہ بھی ملتا ہے۔ وہ قاری کو چونکاتے بھی ہیں اور غور وفکر کی دعوت بھی دیتے ہیں۔ ان کے افسانوں میں شناخت کا مسئلہ، دہشت گردی، کشمیری عوام کا دکھ درد، ڈر، خوف، فوجی دہشت گردی، سیاسی اور سماجی نشیب و فراز، دم توڑتی انسانیت، قدروں کا زوال رشتوں کی پامالی اور عدم تحفظ جیسے موضوعات ملتے ہیں۔ ان کے افسانے مکڑی، نقش فریادی،، گور کن، کن فیکون، نالائق،، جنگل راج، بے وفا، حصار، ببول، لاک ڈاؤن، مانگے کا اُجالا، بندگھڑی کا کرب کا شمار ایسے افسانوں میں ہونا چاہئے جو قاری کو متاثر کرتے ہیں۔ بطور افسانچہ نگار بھی راجہ یوسف نے الگ شناخت قائم کی ہے۔ آپ کی افسانہ نگاری کے مختلف رنگوں کے بارے میں

معروف نقاد حقانی القاسمی لکھتے ہیں:

''راجہ یوسف کے افسانوں میں پولیٹیکل ریلزم بھی ہے اور سماجی واقعیت پسندی بھی اور ایک تخلیقی ذہن کا اضطراب والتہاب بھی۔ انہوں نے اپنی زمین کی چیخ اور کراہ کو کہانی کی شکل عطا کی ہے اور ان کا کمال ہے کہ اس کراہ میں وہ Negativity ہے جو انسان سے مثبت سوچ سلب کر لیتی ہے۔ ان کے افسانوں میں ژولیدگی اور ابہام نہیں ہے۔ یہی وجہ ہے کہ ان کے افسانوں کا رشتہ قاری کے ذہن سے فوری طور پر قائم ہو جاتا ہے اور وہ ان کہانیوں میں اپنی ذات اور زندگی کے زاویوں کو تلاش کرنے لگتا ہے۔ راجہ یوسف کے افسانوں میں اذیت اور عذاب کے ساتھ خواب روشن ہیں اور شاید یہی وہ خواب ہیں جو ہر ذی شعور فن کار اپنی آنکھوں میں زندہ رکھنا چاہتا ہے کہ خواب بھی مر گئے تو......؟''

[فلیپ کور، نقش فریادی، حقانیالقاسمی]

''**گئو دان سے پہلے**'' پروفیسر اسلم جمشید پوری کا چوتھا افسانوی مجموعہ جسے عرشیہ پبلی کیشنز، دہلی نے نے بڑی خوبصورتی سے شائع کیا ہے۔ مجموعے میں کل 23 افسانے موجود ہیں جو اسلم جمشید پوری کی افسانہ نگاری کو سمجھنے کے لیے کافی ہیں۔ گئو دان سے پہلے افسانے کا ایک اقتباس ملاحظہ ہو:

''وہ دن اور وہ لمحہ بھی آ گیا جب گائے کو شہر کے مشہور آشرم کو دان کرنے کی تیاری ہونے لگی۔ مہندر پال نے ایک چھوٹے ٹرک کا انتظام کر دیا تھا۔ ٹرک رات کو ہی گاؤں میں آ گیا تھا۔ وہ رات تاؤ ہر پال اور تائی بیروتی پر بہت بھاری تھی۔ دونوں نے گائے کو خوب اچھے کھانے کھلائے، تازہ روٹیاں اور پھل، ہری ہری سبزیاں، جو انہوں نے مکھیا سے ادھار پیسے لے کر منگوائے تھے۔ رات بھر دونوں گائے کی خدمت کرتے رہے۔ دونوں نے اپنی اپنی چار پائیاں، اُسارے میں گائے کے پاس ہی ڈال لی تھیں۔ طے ہوا کہ ایک ایک کر کے دونوں جاگیں گے مگر ایسی نوبت ہی کہاں آئی۔ دونوں کی آنکھوں سے نیند غائب تھی۔' [مجموعہ گئو دان سے پہلے، اسلم جمشید پوری، ص 98]

''**جگ ہنسائی**'' قیصر تمکین، برمنگھم کے افسانوں کا مجموعہ ہے جسے ان کی موت کے بعد حسن ایوبی نے اپنے طور پر ترتیب دے کر شائع کیا ہے۔ قیصر تمکین ہمارے عہد کے معروف افسانہ نگار ہیں۔ ان کے افسانوں کو دوبارہ شائع کر کے قیصر تمکین شناسی میں ایک بڑا کردار ادا کیا ہے۔ مذکورہ مجموعے میں قیصر تمکین کے پندرہ افسانوں کو شامل کیا گیا ہے۔ قیصر تمکین کی افسانہ نگاری کے تعلق سے احمد ابراہیم علوی لکھتے ہیں:

''آج جن پستہ قد فن کاروں کو بلند قامت ثابت کرنے کی کوشش ہو رہی ہے ان کی اصلیت اسی وقت ظاہر ہو جائے گی جب کہ قیصر تمکین کے ستر برس پہلے کے تخلیق کردہ افسانوں کو پڑھا اور سراہا جائے۔ اسی خوف سے آج بڑے ایماندار سمجھے جانے والے ادیب قیصر تمکین کا نام بھی کہیں نہیں آنے دیتے۔ سچا ادیب اور اچھا ادب لاکھ نظر انداز ہو بہر حال ابھر کر آتا ہی ہے۔ احسن ایوبی کے ذریعے بڑی تلاش کے بعد حاصل کردہ 'جگ ہنسائی' کو دنیا کے سامنے پیش کرنے کی صد قابل ستائش کاوش ثبوت ہے کہ قیصر تمکین نا قابل فراموش افسانہ نگار تھے۔'' [جگ ہنسائی فلیپ کور، احمد ابراہیم

علوی]

''گومتی سے ٹیمز تک'' قیصر تمکین کے منتخب افسانوں کو احسن ایوبی نے مرتب کیا ہے۔ یہ کتاب ایجوکیشنل پبلشنگ ہاؤس، دہلی سے شائع ہوئی ہے۔ اس مجموعے میں قیصر تمکین کے 18 افسانے شامل ہیں۔ ان میں زیادہ تر وہ افسانے ہیں جو اپنے زمانے میں کافی مقبول ہوئے تھے۔ قیصر تمکین کی افسانہ نگاری پر آغا سہیل اور وارث علوی نے کتاب کے فلیپ پر اپنی آرا کا اظہار کیا ہے، کتاب کے مرتب احسن ایوبی قیصر تمکین کے افسانوں کے موضوعات کے تعلق سے لکھتے ہیں:

''قیصر تمکین عموماً قومی و بین الاقوامی سیاسی مسائل، نفسیاتی الجھن اور اقتصادیات کو موضوع بناتے ہیں۔ اس کے علاوہ زندگی کے چھوٹے چھوٹے معمولات، ادبی وثقافتی سرگرمیاں، رشتوں میں اتار چڑھاؤ اور مادی اسباب کے تحت ہونے والے عروج وزوال کی داستانیں بھی بیان کرتے ہیں۔ وہ اپنے کرداروں کو اعلیٰ وارفع یا مثالی نمونہ نہیں بناتے۔ اسی لیے ان کے وہ افسانے جو غیر ملکی فضا، ماحول میں لکھے گئے ہیں ان میں بھی معاشی حالات سے متعلق رنگ برنگے، تلخ وشیریں موضوعات مل جاتے۔'' (گومتی سے ٹیمز تک۔ ترجمہ احسن ایوبی)

''پرستش برق کی'' سہیل وحید کے افسانوی مجموعے کا تیسرا ایڈیشن پچھلے دنوں منظر عام پر آیا جسے ایم۔ آر پبلی کیشنز نے بڑے اہتمام سے شائع کیا ہے۔ سہیل وحید افسانے کے ساتھ ساتھ صحافت میں بھی خاصا نام کما چکے ہیں۔ ان کا یہ مجموعہ پہلی بار سن 2000ء میں منظر عام پر آیا تھا اور اپنی الگ شناخت قائم کی۔ مجموعے میں کل تیرہ افسانے موجود ہیں جو سہیل وحید کے تجربے اور مشاہدے کے شاہد ہیں۔ ان کے افسانوں میں عام انسان کا دکھ درد، پیار محبت، سماج کے نشیب وفراز کے ساتھ ساتھ ان کا اسلوب بھی خاصا متاثر کن ہوتا ہے۔

سہیل وحید جو کہ ''نیا دور'' کے مدیر بھی رہ چکے ہیں اپنے افسانوں سے اپنی ایک منفرد شناخت رکھتے ہیں۔ مجموعے کا ٹائٹل افسانہ تو لاجواب ہے۔ اس افسانے میں سہیل وحید نے جہاں عشق و محبت کو پیش کیا ہے وہیں ایک شخص کی نفسیات کا بھی گہرا مطالعہ اور پوسٹ مارٹم میں ہونے والے بے رحم سلوک کو افسانے کا کامیابی سے حصہ بنایا ہے۔ آپ کی افسانہ نگاری پر معروف ڈراما نگار اور ترقی پسند نقاد پروفیسر محمد حسن رقم طراز ہیں:

''آخری کہانی نے ہلا ڈالا۔ یہ تو نہیں کہوں گا کہ متاثر کیا مگر سچ مچ ہلا دیا۔ دہلا دیا۔ 143 سے 145 کے صفحات دل پر پتھر رکھ کر پڑھے۔ آپ نے کس درد وکرب سے یہ افسانہ کیا ہوگا اس کا احساس کر کے بھی رونگٹے کھڑے ہوجاتے ہیں۔ اڈگرایلن پو کا وہ افسانہ یاد آیا جو Inquisition سے متعلق تھا (ہرگز یہ نہ سمجھئے گا کہ اس سے مراد کسی قسم کا توارد یا سرقہ ہے۔ آپ کا افسانہ اس سے بالکل الگ ہے مگر اسی طرح رونگٹے کھڑا کر دینے والا افسانہ ہے۔) اور پھر اس کا اختتام جو میرے نزدیک ایک مختلف طرز کا ہوتا تو اچھا تھا مگر ہے اب بھی قیامت خیز (البتہ یہاں بیگم خان کی کردارنگاری کا حق ادا نہیں ہوا۔) آپ کے افسانے نے تو دل دہلا کے رکھ دیا۔ آپ غضب کے افسانہ نگار ہیں'' [فلیپ ، پرستش برق پروفیسر محمد حسن]

''کہانیوں سے پرے'' محمد ہاشم خان کا پہلا افسانوی م مجموعہ ہے جسے الہام پبلشرز نے شائع کیا ہے۔ محمد ہاشم خان نے اپنے افسانوں میں ایسے کردار پیش کیے ہیں جو ہمارے سماج کے جیتے جاگتے افراد ہیں۔ ان افسانوں میں وہ کہانیاں شامل ہیں جن کا تعلق نئے زمانے

سے ہے۔ یہ افسانے ہمیں چونکاتے ہیں اور اپنے اختتام کے بعد قاری کے اندر ایک ہلچل پیدا کر دیتے ہیں ساتھ ہی غور و فکر کی دعوت بھی دیتے ہیں۔ مجموعے میں فردوس حزیں، سروجنی، للاّ للاّ لوری، ہم توان جیسو کے ہاتھوں، کوئی شام شہر غزال وغیرہ اچھے افسانے ہیں۔ ان میں سے زیادہ تر افسانوں میں ممبئی کی زندگی کے ساتھ ساتھ چھوٹے شہروں اور دیہات کی عمدہ عکاسی کی گئی ہے۔

''**مانسون اسٹور**'' رخشندہ روحی مہدی کا تازہ افسانوں کا مجموعہ ہے۔ اس سے قبل مگر ''ایک شاخ نہال غم'' نامی افسانوی مجموعہ اردو اور ''ایک خواب جاگتی آنکھوں کا'' ہندی میں شائع ہو چکے ہیں۔

رخشندہ روحی کا یہ اردو کا دوسرا افسانوی مجموعہ ہے جس میں سولہ افسانے شامل ہیں جسے ایجوکیشنل پبلی کیشن دہلی نے شائع کیا ہے۔ رخشندہ روحی کے یہ افسانے اپنی پہچان آپ ہیں۔ ان افسانوں میں خلیجی اور مغربی ممالک کے ساتھ ساتھ ہندوستان کے اعلیٰ طبقات یعنی طبقات اشرفیہ کے گھروں اور معاشرے کی کہانیاں شامل ہیں۔ اس مجموعے میں پسماندہ طبقات کی کہانیاں بھی ہیں۔ رخشندہ روحی کی کہانیوں میں حسن و عشق کی ایسی داستان ملتی ہیں جو ہمیں کبھی رلاتی ہیں تو کبھی جذباتی بنا دیتی ہیں۔ ان افسانوں میں درد و کرب کی ایسی زیریں لہریں اٹھتی ہیں جو قاری کو کہانی میں شامل کر لیتی ہیں۔ ''بڑا آدمی، فیروزہ، فاشٹ ٹیک، کتنے جھوٹے تھے ہم محبت میں، کالی چادر، وقت اچھا بھی آئے گا، مانسون اسٹور، اعتبار وغیرہ رخشندہ روحی کے اچھے افسانے ہیں۔

''**پاگل پن**'' محترم حسین قریشی کا نیا افسانوی مجموعہ ہے جسے ایجوکیشنل پبلشنگ ہاؤس نے شائع کیا ہے۔ ''پاگل پن'' میں حسین قریشی کے افسانے اور افسانچے شامل ہیں۔ حسین قریشی مہاراشٹر کے اچھے فکشن نگار ہیں۔ انہوں نے اپنے افسانوں اور افسانچوں میں عام زندگی کو پیش کیا ہے۔ وہ حقیقت کو اپنے فن کے سانچے میں ڈھال کر افسانہ بناتے ہیں۔ ان کے افسانے اور افسانچے ماہنامہ ''انشاء'' روز نامہ انقلاب، روز نامہ اودھ نامہ لکھنؤ، الحیات، رانچی میں شائع ہوتے رہتے ہیں۔

''**لاوا**'' ارشد منیم کا تیسرا افسانوی مجموعہ جو ایجوکیشنل پبلشنگ ہاؤس سے شائع ہو کر منظر عام پر آیا ہے۔ اس سے قبل ان کے دو افسانوی مجموعے ''خواب خواب زندگی'' اور ''خون کا رنگ'' منظر عام پر آ کر مقبول ہو چکے ہیں۔ ارشد منیم افسانے کے ساتھ ساتھ افسانچے بھی قلم بند کرتے رہے ہیں۔ ان کے افسانے اور افسانچوں میں اپنے وقت کے سلگتے ہوئے موضوعات شامل ہوتے ہیں۔ غربت، مجبوری، لاک ڈاؤن کے اثرات، جنسی بھوک جیسے موضوعات کو ارشد منیم نے عمدگی سے اپنے فن میں ڈھالا ہے۔

''لاوا'' میں ارشد منیم کے سولہ افسانے شامل ہیں۔ یہ سبھی گذشتہ برس لکھے افسانے ہیں جن میں سے زیادہ تر لاک ڈاؤن کے اثرات اور کورونا جیسی بیماری کے زیر اثر لکھے گئے ہیں۔ ان افسانوں میں لاوا، آنسو، ماں، کڑوا سچ، انسانیت، بڑا کام، وغیرہ اچھے افسانے ہیں۔ افسانہ لاوا میں ارشد منیم نے آکسیجن کی سپلائی کا رونا رونے والی سرکار کے دوہرے چہرے کو بے نقاب کیا ہے اور یہ دکھانے کی کامیاب کوشش کی ہے کہ جہاں ایک طرف اسپتالوں میں مریض آکسیجن کی کمی سے مر رہے تھے وہیں بعض سرکاری ترجمان اور وزیر آکسیجن کی کمی نہ ہونے کی باتیں بڑھا چڑھا کر کر رہے تھے۔

''**ڈوبتی نسلیں**'' محترمہ رینو بہل کا تازہ افسانوی مجموعہ ہے جس میں ان کے اکیس افسانے شامل ہیں۔ کتاب کو ایجوکیشنل پبلشنگ ہاؤس، نئی دہلی نے شائع کیا ہے۔

رینو بہل اردو کی معروف خاتون فکشن نگار ہیں۔ آپ کے متعدد ناول، افسانوی مجموعے اور ترجمہ شدہ کتابیں منظر عام پر آ چکی ہیں۔

آپ کے فکشن میں پنجاب کی خوشبو رچی بسی ہوئی ہے۔ آپ کے افسانوں کی خوبی یہ ہے کہ ان میں پنجاب کی نوجوان نسل کو بہتر طور پر پیش کیا جاتا ہے۔ افسانہ ''ڈوبتی نسلیں'' میں بھی پنجاب کی نئی نسل کو نشے کے دریا میں ڈوب کر برباد ہوتے ہوئے دکھایا گیا ہے۔ مجموعے کے کئی افسانے پنجاب کی نئی نسل کی تباہ و برباد ہوتی زندگی کو عمدگی سے پیش کرتے ہیں۔ ساتھ ہی ساتھ پسماندہ طبقات اور اعلیٰ ذات کے درمیان کی خلیج کو بھی افسانوں میں جگہ دی گئی ہے۔ آپ کے اسلوب میں پنجابی کی آمیزش اسے اور پراثر بنا دیتی ہے۔

''**مجھے بھی**'' غزالہ قمر اعجاز کا دوسرا افسانوی مجموعہ ہے جسے ایجوکیشنل پبلشنگ ہاؤس نے بڑے اہتمام کے ساتھ شائع کیا ہے۔ غزالہ قمر اعجاز کا شمار اکیسویں صدی میں ابھرنے والی خواتین فکشن نگاروں میں ہوتا ہے۔ اس سے قبل آپ کا ایک افسانوی مجموعہ ''چاند میرا ہے'' 2011ء میں اور ایک ناول ''قطرے پے گہر ہونے تک'' 2016ء میں منظر عام پر آ کر دادو تحسین پا چکے ہیں۔ غزالہ قمر اعجاز کے افسانوں اور ناولوں میں عورت پرور اساس سماج کے ظلموں کی کہانیاں زیادہ ملتی ہیں لیکن ان کے افسانوں کی عورت پہلے تو مجبور ولاچار نظر آتی ہے لیکن بعد میں وہ اپنے قدموں پہ کھڑا ہونے کا حوصلہ بھی کر دکھاتی ہے۔

''مجھے بھی'' غزالہ قمر کا نیا افسانوی مجموعہ ہے جس میں تقریباً دو درجن سے زائد افسانے شامل ہیں۔ ان سبھی افسانوں میں خواتین کردار کی بھرمار ہے۔ ایسا نہیں ہے کہ ان کے افسانوں میں مرد کردار کی کمی ہو۔ لیکن وہ عورت کی کہانی عمدگی سے بیان کرتی ہیں۔ ان کی کردار نگاری کرداروں کے اندر اتر کر ان کے خارج اور باطن کو جاننے کا عمل اور پھر ان کو افسانوں میں پیش کرنا غزالہ قمر اعجاز کا خاصہ ہے۔ ''مجھے بھی'' مجموعے کی ٹائٹل کہانی ہے جس میں ایک عورت کے درد کو عمدگی سے بیان کیا گیا ہے۔ لاچار اور بے بس عورت مرد اساس سماج کے سامنے چاہتے ہوئے بھی اپنا احتجاج نہیں کر پاتی ہے لیکن افسانے کے اختتام پر وہی بے بس عورت ہمت اور حوصلے کے ساتھ احتجاج کے لیے اٹھ کھڑی ہوتی ہے۔ مجموعے میں تنگ ہوتی زمین، پگلی، کل اور آج، یہ میرا بیٹا نہیں، کماؤ پوت، طلاق، اندھیرا، لفافہ، کھرنڈ، سرگوشی اور جسم سے پرے، ان کے خوبصورت افسانے ہیں۔

''**پناہ گاہ**'' ڈاکٹر نصرت شمسی کا نیا افسانوی مجموعہ ہے جسے نیشنل پرنٹنگ پریس لکھنؤ نے شائع کیا ہے۔ نصرت شمسی اردو کی معروف خاتون فکشن نگار ہیں، جن کے اب تک کئی افسانوی مجموعے اور ناولٹ منظر عام پر آ چکے ہیں آپ کے ناولٹ ''اوڑھنی'' نے بہت مقبولیت حاصل کی ہے۔

مذکورہ کتاب ''پناہ گاہ'' میں نصرت شمسی کے تقریباً اٹھارہ افسانے اور تین ناولٹ شامل ہیں۔ آپ کے افسانوں اور ناولٹ میں معاشرتی زندگی ہوتی ہے جس میں اسلامی رنگ غالب ہوتا ہے۔ آپ کے افسانے سماج کی دکھتی رگیں ہوتی ہیں۔ آپ بہت چابکدستی سے سماج کی دکھتی رگوں پر ضرب لگاتی ہیں۔ جس سے سماج کا اصلی چہرہ سامنے آ جاتا ہے۔ ان کے یوں تو سبھی افسانے لائق مطالعہ ہیں لیکن کردار، سوال، فرید خیال، پناہ گاہ، آدھے ادھورے، تصویر کائنات وغیرہ اچھے افسانے ہیں ساتھ ہی میرا قصور کیا تھا؟ اچھا ناولٹ ہے۔

''**ڈیجیٹل جنگل**'' ایم۔ مبین کے ذریعے تحریر کردہ بچوں کی کہانیوں کا مجموعہ ہے جسے رحمانی پبلی کیشنز، مالیگاؤں نے شائع کیا ہے۔ ایم۔ مبین اردو کے معروف فکشن نگار ہیں۔ آپ کے کئی ناول، افسانوی مجموعے، تراجم، بچوں کے لیے کہانیاں اور ڈرامے منظر عام پر آ چکے ہیں۔ موجودہ اردو فکشن کے عصری منظرنامے میں ایم۔ مبین کا ایک الگ مقام ہے۔

''ڈیجیٹل جنگل'' جو کہ 476 صفحات پر مشتمل ہے، میں ایم۔ مبین کی بچوں کے لیے لکھی گئی تقریباً 53 ترپن کہانیاں شامل ہیں۔

ایم۔مبین بچوں کی نفسیات سے بخوبی واقف ہیں اور بدلتے ہوئے زمانے کی رفتار سے ہم آہنگ ہونا بھی جانتے ہیں۔اسی لیے ان کی کہانیاں بچوں کو بہت پسند آتی ہیں۔''ڈیجیٹل جنگل'' کی زیادہ تر کہانیوں میں انہوں نے انفارمیشن ٹیکنالوجی کے استعمال پر زیادہ زور دیا ہے اور بچوں کی تربیت کے لیے عمدہ کہانیاں تحریر کی ہیں۔

''**عجیب وغریب سچے افسانے**'' حمید ادیبی ناندوری کا پہلا افسانوی مجموعہ ہے جسے بزم نایاب ،اکولا، مہاراشٹر نے شائع کیا ہے۔افسانوی مجموعے کے زیادہ تر افسانے سچے واقعات پر مبنی ہیں۔ان کا اسلوب نہایت سادہ اور سلیس ہے۔لیکن یہ معاشرے کی گندگی اور برائیوں کو بے نقاب کرنے کا کام کرتے ہیں۔حمید ادیبی کے افسانوں پر معروف افسانہ نگار اشتیاق سعید لکھتے ہیں:

> ''حمید ادیبی کے تحریر کردہ افسانے اکثر روایتی ہوتے ہیں لیکن کہانی سے پُر پلاٹ کے کساؤ ماجرائی کیفیت اور فنی لوازمات کو مہمیز کرتے ہیں۔ان کی زبان کہیں قدر سلیس اور رواں ہے تو کہیں اس کے رچاؤ میں کھردرا پن بھی ہے جس کی چاشنی افسانے کو ایک عجیب لذت سے دوچار کراتی ہے کہ پڑھنے والا تادیر اس لذت سے ہم کنار رہے۔ایک اچھے اور سچے لکھاری کی یہی خاصیت ہے۔'' [عجیب وغریب افسانے، حمید ادیبی،13]

''**ڈینگی ڈریکولا**'' محترمہ فاکہہ قمر کی تازہ ترین کتاب ہے جو بچوں کے لیے ناول کی شکل میں تحریر کی گئی ہے۔اسے تحریک برائے بچوں کا ادب نے شائع کیا ہے۔اس کتاب میں فاکہہ قمر نے بچوں کے لیے بڑی دلچسپ کہانی بیان کی ہے۔یہ بات ہم سب کے لیے انتہائی اطمینان کی ہے کہ اردو میں بچوں کا ادب مستقل لکھا جا رہا ہے۔

''**جلاوطن کہانیاں**'' (سقوط ڈھاکہ کے پس منظر میں) جمیل عثمان، زندہ کتابیں سلسلہ نمبر 184 کے تحت زاہد اشرف نے پیش کیا ہے۔جسے فضلی سنس، کراچی سے شائع کیا گیا ہے۔اس سال شائع ہونے والی یہ ایک اہم کتاب ہے۔

راشد اشرف ایک اہم کام کر رہے ہیں کہ زندہ کتابیں سلسلہ کے تحت اپنے زمانے کی معروف کتابوں کو از سرنو بڑے اہتمام سے شائع کر رہے ہیں۔''جلاوطن کہانیاں'' بھی راشد اشرف کا ایک کارنامہ ہے۔ان کہانیوں کے خالق جمیل عثمان ہیں جن کی سقوط ڈھاکہ پر لکھی گئی کہانیوں کا مجموعہ ہے۔ان کہانیوں میں بنگلہ دیش کے بے سروسامان لوگوں کی ہجرت اور سفر کے دوران کی صعوبتوں کا بڑا ہی دردناک منظر موجود ہے۔یعنی یہ ساری کہانیاں سقوط ڈھاکہ کے بعد انسانی درد و کرب کی غماز کہانیاں ہیں۔

''**مینڈک کی وفاداری**'' رونق جمال کی تازہ ترین کتاب ہے جسے انہوں نے خود شائع کیا ہے۔یہ کتاب بچوں کے لیے انتہائی مفید اور کارآمد ہے۔رونق جمال بڑوں کے لیے افسانے اور افسانچے لکھتے رہے ہیں ساتھ ہی انہوں نے بچکانچہ نام سے بہت سارے افسانچے بچوں کے لیے لکھے ہیں۔ان کا مجموعہ ''ابا جان'' عرشیہ پبلی کیشنز، دہلی سے شائع ہو چکا ہے۔رونق جمال نے بچوں کے لیے ڈرامے، کہانیاں اور ناول کافی تعداد میں لکھے ہیں۔

''**انوکل اور دیگر کہانیاں**'' ستیہ جیت رے کی منتخب کہانیاں ہیں جس کا انتخاب اور اردو ترجمہ قیصر نذیر خاور نے کیا ہے، اور اس کتاب کو میٹر لنک پبلشر لکھنؤ نے شائع کیا ہے۔قیصر نذیر خاور ایک اچھے فکشن نگار اور مترجم ہیں۔اس کتاب کے مطالعے سے ان کے ماہر مترجم ہونے کا بخوبی علم ہوتا ہے۔

اس کتاب میں ستیہ جیت رے کی 18 معروف اور نمائندہ کہانیوں کو شامل کیا گیا ہے یہ سبھی کہانیاں اپنے عہد کے مسائل کو پیش کرتی

ہیں ساتھ ہی آج کے بہت سارے مسائل کی طرف بھی اشارہ کرتی ہیں۔

کتاب کی ایک خوبی یہ بھی ہے کہ ہر کہانی کے آگے سن بھی درج کیا گیا ہے اور کتاب بہت عمدہ شائع ہوئی ہے۔ کتاب میں ستیہ جیت رے کے بنائے ہوئے خاکے اور اسکیچز کو بھی خوبصورتی سے شائع کیا گیا ہے۔

ڈاکٹر عشرت ناہید کا پہلا افسانوی مجموعہ ''**منزل بے نشاں**'' کے نام سے ایجوکیشنل پبلشنگ ہاوس سے شائع ہوا ہے۔ ڈاکٹر عشرت ناہید نئی صدی کی مشہور و معروف فکشن نگار اور فکشن ناقد ہیں۔ آپ کی فکشن تنقید پر کئی کتابیں مثلاً حیات اللہ انصاری کی کہانیاں، ورق ورق کہانی کائنات (جلد اول و دوم)، ڈاکٹر صادق کی تجرباتی کہانیاں وغیرہ کی اشاعت نے ڈاکٹر عشرت ناہید کو فکشن ناقد کے طور پر استحکام عطا کیا۔

''منزل بے نشاں'' میں تقریباً ڈیڑھ درجن افسانے اور دو افسانچے شامل ہیں۔ آپ کے افسانوں میں علامت نگاری کا اچھا استعمال ملتا ہے۔ ایک ڈری سہمی مشرقی عورت دکھائی دیتی ہے جو مرد اساس سماج کی کے ظلم و ستم کی ماری ہوئی ہے لیکن اپنے پیروں پر کھڑا ہونا جانتی ہے۔ یوں تو آپ کے سبھی افسانے قابل مطالعہ ہیں لیکن سنگ تراش، منزل بے نشاں، ذرا اعتبار پالیں، آج کی حوا، چاند گرہن، کسک، کتاب چہرہ، فیصلے دل کے ایسے افسانے ہیں جنھیں نظر انداز نہیں کیا جا سکتا۔

''**مناظ**'' مطربہ شیخ کے افسانوں کا پہلا مجموعہ ہے۔ جسے رواں پبلی کیشن کراچی نے شائع کیا ہے مطربہ شیخ پاکستان کی اُبھرتی ہوئی افسانہ نگار ہیں جنھوں نے اپنے افسانوں سے ہمیں چونکایا ہے۔ مطربہ شیخ کے افسانے ہمارے آس پاس کے موضوعات پر مبنی ہیں۔ یہ شہروں کی زندگی کے ترجمان ہیں۔ ساتھ ہی یہ افسانے انسانی نفسیات اور زندگی کے فلسفہ کو پیش کرتے ہیں۔ ان افسانوں میں موضوعات کا جہاں تک تعلق ہے تو مرد اساس سماج کے ظلم و ستم، سیاسی ابتری سماج میں جھوٹی شان کا دکھاوا، دہشت گردی، بے روزگاری اور رشتوں کی پامالی کو موضوع بنایا گیا ہے۔ مطربہ شیخ کے افسانوں پر اظہار خیال کرتے ہوئے معروف فکشن نگار اقبال خورشید لکھتے ہیں:

> ''مطربہ شیخ کی صورت میں ہمیں ایک ایسا کہانی کار ملا ہے جو جھیل میں کنکریاں پھنک کر دائروں کو جنم دینے کا آرزومند ہے۔ مرتبہ کا مشاہدہ، تجربہ اور اپنے اسلوب میں کہانی کہنے کا حوصلہ ایک امکان ہے۔ اسٹوری سرکل مکمل ہونے کا امکان یہ کتاب کہانی کی پراسرار جھیل میں ایک نئے باحوصلہ کہانی کار کی آمد کا اعلان ہے۔'' (اقبال، خورشید، فلیپ)

''**ہم قدم**'' محترم فریدہ نثار احمد انصاری کا تازہ افسانوں کا مجموعہ ہے۔ جسے ایجوکیشنل پبلی شنگ ہاؤس نے بڑے اہتمام سے شائع کیا ہے۔ فریدہ نثار احمد انصاری بہت زمانے سے خلیجی ممالک میں مقیم ہیں اور افسانے اور افسانے کی تنقید لکھتی رہی ہیں۔ ان کے کئی افسانوی مجموعے شائع ہو کر مقبول ہو چکے ہیں۔ آپ کے افسانے سوشل میڈیا پر بھی بڑے اہتمام سے شائع ہوتے ہیں۔ ''ہم قدم'' میں محترمہ فریدہ نثار احمد انصاری کے بہت سے خوبصورت افسانے شامل ہیں ان افسانوں میں محترمہ نے اپنے آس پاس کی زندگی خصوصاً سعودی عرب کے حالات اور وہاں کی زندگی کو پیش کیا ہے۔ ان کے متعدد افسانے جس میں جدائی کا کرب، ایک حسین عہد و پیا، عکس زندگی، ہم قدم وغیرہ اچھے افسانے ہیں۔ ان افسانوں میں نثار احمد انصاری صاحبہ نے معاشرتی زندگی کو پیش کے ہے۔ مذہب کا غلط استعمال، تشدد، عالمی دہشت گردی، ماب لنچنگ وغیرہ موضوعات کو فریدہ صاحبہ نے عمدگی سے افسانہ کیا ہے۔ ان کے افسانے ماحول اور ان کی زبان کی وجہ سے ان کے ہم عصروں میں واضح امتیازات رکھتے ہیں۔

پاکستان سے گزشتہ دس برسوں میں جن خواتین افسانہ نگاروں نے اپنی شناخت قائم کی ہے۔ان میں ایک نام صائمہ نفیس کا بھی ہے۔ صائمہ نفیس اپنے افسانوں کے موضوعات کا انتخاب کچھ اس طور کرتی ہیں کہ قاری حیرت میں غوطہ زن ہوجاتا ہے۔ان کے متعدد افسانے پڑھنے سے تعلق رکھتے ہیں۔کئی افسانے تو چونکاتے ہیں،اور ختم ہونے کے بعد قاری کے اندر شروع ہوجاتے ہیں۔

صائمہ نفیس کا پہلا مجموعہ ''رودالی'' کے عنوان سے شائع ہوا تھا جس میں تقریباً ڈیڑھ درجن افسانے شامل تھے۔افسانہ ''رودالی'' کافی مشہور ہوا اور صائمہ نفیس کی شناخت بن گیا۔اب ان کا دوسرا مجموعہ **''پچھلے پہر کی خاموشی''** شائع ہو رہا ہے۔اس مجموعہ میں انیس افسانے شامل ہیں۔ان افسانوں میں ایک طرح کی خاموشی اور احتجاج شامل ہے۔خواہ وہ افسانہ ''پچھلے پہر کی خاموشی'' ہو یا ''لفظوں کی ردا''، ''پانچویں بوتل'' ہو یا ''اسیری''۔

''پچھلے پہر کی خاموشی'' نہ صرف مجموعہ کا ٹائٹل افسانہ ہے بلکہ ایک بہترین افسانہ بھی ہے۔اس افسانے کے آخر میں جو خاموشی چھا جاتی ہے وہ ظلم کے خلاف ایک خاموش احتجاج ہی ہے۔

عظیم اللہ ہاشمی کا یہ دوسرا افسانوی مجموعہ **''دوسراوش پان''** ہے جس میں تقریباً ڈیڑھ درجن افسانے شامل ہیں۔یہ سبھی وہ افسانے ہیں جو پچھلے گزشتہ دس بارہ برسوں میں ضبط تحریر میں آئے ہیں۔ان افسانوں میں لاک ڈاؤن، دوسراوش پان، نیلا سیارہ، شب غم کا چاند، جنازہ گھر، ہونٹ چلتے ہیں مسکرانے سے وغیرہ کا شمار اچھے افسانوں میں کیا جانا چاہیے۔اس سے قبل ان کا پہلا افسانوی مجموعہ ''دیدۂ نم'' شائع ہو کر مقبول ہو چکا ہے۔

ڈاکٹر عظیم اللہ ہاشمی کا شمار نئی صدی کے اردو کے اہم افسانہ نگاروں میں ہوتا ہے۔عظیم اللہ ہاشمی نے اپنے افسانوں سے اردو ادب میں اپنی الگ شناخت قائم کی ہے۔ان کے افسانے عصری حسیت اور فن پر دسترس سے مملو ہوتے ہیں۔وہ آس پاس پر نظر رکھتے ہوئے ایسے کردار تراشتے ہیں جو ہمارے سماج کے اہم فرد ہیں۔وہ اپنے کرداروں کے باطن میں اتر کر ان کی تحلیل نفسی کرتے ہوئے صفحۂ قرطاس پر اس طور ابھارتے ہیں کہ یہ کردار خوبی وخامی کا مجسمہ دکھائی دیتے ہیں، یہ جہاں عظیم اللہ ہاشمی کی انفرادیت ہے، وہیں حقیقت نگاری کا بھی عمدہ ثبوت ہے۔

فارحہ ارشد (پاکستان) کا پہلا افسانوی مجموعہ **''مونتاژ''** کے نام سے شائع ہوا ہے جس میں تقریباً 22/افسانے شامل ہیں اور جسے دستاویز پبلیکیشن، لاہور نے بہت ہی اہتمام سے شائع کیا ہے۔

فارحہ ارشد کا شمار نئی صدی میں ابھرنے والی پاکستان کی معروف خواتین افسانہ نگاروں میں ہوتا ہے۔فارحہ ارشد کے افسانے خواتین کی آواز کے طور پر اپنی الگ شناخت رکھتے ہیں۔فارحہ ارشد نے اپنے افسانوں میں عام خواتین کا درد، اپنے قدموں پر کھڑے ہونے والی خواتین سنگل وومین (اکیلی عورت) کا تصور اور سماجی مساوات اور سیاسی بحران کو عمدگی سے افسانہ کیا ہے۔فارحہ ارشد کے افسانوں میں جنس کا بھی رنگ نمایاں ہوتا ہے وہ اپنے افسانوں میں بولڈ عورت کو پیش کرتی ہیں ان کے افسانے پاکستان کی نئی نسل کے بدلتے نظریات کو بہتر طور پر پیش کرتے ہیں۔

ان کے افسانوں میں زمیندار، توبہ سے ذرا پہلے، تلوے سے چپکا آخری قدم، آدھی خودکشی، دس گھنٹے کی محبت، شب جائے کہ من بودم، امیر صادقین تم کہاں ہو، گرہن گاتھا، ایک تصویر خدا کے بغیر، مورخ میری تاریخ نہ لکھنا، بوس کی کہانی ابھی ادھوری ہے وغیرہ فارحہ ارشد کے نمائندہ افسانے ہیں۔ان افسانوں کو پڑھنے کے بعد احساس ہوتا ہے کہ خواتین مردوں سے کسی معاملے میں پیچھے نہیں ہیں وہ احتجاج کی کسی بھی حد

تک جاسکتی ہیں۔خواتین میں آنے والا یہ انقلاب جہاں فارحہ ارشد کے افسانوں کا امتیاز ہے وہیں اردو افسانہ میں نظر آنے والی نئی تانیثیت کی طرف بھی اشارہ ہے۔

''خاموش لب'' ایم۔اے کنول جعفری کے افسانوں کا مجموعہ ہے جسے ایجوکیشنل پبلشنگ ہاوس دہلی نے شائع کیا ہے اس سے پہلے ایک افسانوی مجموعہ (چاک کا بوسیدہ ٹکڑا) 2019ء میں شائع ہو چکا ہے اس مجموعہ میں تقریباً 16/افسانے شامل ہیں جن میں خاموش لب، باونی کا فیصلہ، حویلی کی چڑیا، کباڑ خانہ، تسکین کے چند لمحات، پتھر کے آنسو، طائر خوش نوا وغیرہ ایسے افسانے ہیں جنھیں نظر انداز نہیں کیا جاسکتا ہے۔

کنول جعفری کے افسانے ہمارے آپسی سماج کی وہ کشمکش ہیں جو عام زندگی میں دکھائی دیتی ہے۔ برادری واد، خود کو دوسروں سے برتر سمجھنا، حسن وعشق، آپ سی چپقلش، تہذیب کا نوحہ، ہندو مسلم اتحاد اور سماج کے درد و کرب کو عمدگی سے افسانوں میں پیش کیا ہے۔

''قرطاس اسود'' لبنیٰ طاہر (کراچی) کا پہلا افسانوی مجموعہ ہے جو پاکستان سے شائع ہوا ہے۔ لبنیٰ طاہر موجودہ وقت کی ایک اہم فکشن نگار ہیں۔آپ کے افسانوں میں آپ کا معاشرہ اور سماج کچھ اس طور ملتا ہے کہ اس میں تحیر و تجسس بھی ہوتا ہے اور زبان کی چاشنی بھی۔ لبنیٰ طاہر انسان کی نفسیات اور احساسات کو لفظوں میں اس طرح بیان کرتی ہیں کہ قاری کو ان کے کرداروں سے ایک طرح کی انسیت ہو جاتی ہے۔ وہ صالح معاشرہ کی تشکیل میں نہ صرف اپنے افسانوں سے بلکہ عملی طور پر بھی حصہ لیتی ہیں۔ان کے اس مجموعے میں تقریباً ڈیڑھ درجن افسانے شامل ہیں جن میں غم گزیدہ، اشرف المخلوقات، دلہن، ملکیت، سحر ہونے تک، درد آشنا وغیرہ اچھے افسانے ہیں جو اپنے موضوع اور پیش کش کے طریقے کی وجہ سے قاری کو متاثر کرتے ہیں۔لبنیٰ طاہر کے افسانے انہیں ان کے ہمعصروں میں الگ مقام عطا کرتے ہیں۔

''کہانیاں'' جہانگیر انس کے افسانے اور ڈراموں کا مجموعہ ہے اس مجموعہ میں خاص کر بچوں کا خیال رکھا گیا ہے بچوں کی عمر اور ان کے نفسیات کے عین مطابق مجموعے میں 22/کہانیاں 4/ڈرامہ اور ایک فیچر شامل کیا گیا ہے کتاب کا واضح مقصد بچوں کے اندر اچھے اخلاق و کردار کو پیدا کرنا ہے۔

''اور بھی غم ہیں'' نذیر جوہر کی کتاب کو جی این کے پبلی کیشنز کشمیر نے شائع کیا ہے۔اس افسانوی مجموعے میں نظیر جوہر کے تقریباً 47 افسانے شامل ہیں۔

نذیر جوہر کا تعلق کشمیر سے ہے۔اس سے قبل ان کی کئی کتابیں ''یہ نہ تھی ہماری قسمت''، مہرباں کیسے کیسے، ناول ''زندگی یوں ہی تمام ہوتی ہے'' سوانح عمری شائع ہو کر مقبول ہو چکی ہے۔آپ کے افسانے موجودہ عہد کے منظر نامے، خاص کر کشمیر کی زندگی اور مسائل کو عمدگی سے پیش کرتے ہیں۔آپ کے کئی افسانے اور بھی غم ہیں، غرماں، ماں ہوں نا!، ہم پاگل ہیں کیا؟، کچھ تو باقی ہے، بخت آوری، میرا کیا قصور، میں گم شدہ ہوں وغیرہ افسانوں کو اچھے افسانوں کے زمرے میں رکھا جاسکتا ہے۔

''جوہی کی کلی'' نیلوفر پروین کا افسانوی مجموعہ ہے جو جی این کے پبلی کیشنز سے شائع ہونے والی ایک عمدہ کتاب ہے۔ نیلوفر پروین ہماری اچھی افسانہ نگار ہیں۔ان کے افسانے اپنی الگ شناخت رکھتے ہیں۔یہ ہمیشہ اپنے گردونواح کو ترجیح دیتی ہیں ''جوہی کی کلی'' میں ان کے افسانے دہشت گردی، رشتوں کی پامالی۔کشمیر کا منظر نامہ، خود غرضی اور بے ایمانی اور سماجی تانے بانے جیسے موضوعات کا احاطہ کرتے ہیں۔

''احساس'' پرویز احمد کے افسانوں کا مجموعہ ہے جو بہت ہی دیدہ زیب سرورق کے ساتھ شائع ہوا ہے۔پرویز احمد کا شمار نئی صدی میں اپنا مقام بنانے والے اہم افسانہ نگاروں میں ہوتا ہے۔پرویز احمد کے افسانے ہندوپاک کے مقبول جرائد میں شائع ہوتے رہتے ہیں۔احساس

میں شامل ان کے افسانے ہمیں غور و فکر پر مجبور کرتے ہیں جو سماج میں ہو رہی ظلم و ستم کی کہانی کو عمدگی سے لفظوں کا جامہ پہناتے ہیں۔

''دورنگا'' سلمان بخاری (پاکستان) کے تازہ افسانوں کا مجموعہ ہے جسے عکس پبلی کیشنز، لاہور نے بڑے اہتمام سے شائع کیا ہے۔ سلمان بخاری کا شمار نئی صدی میں ابھرنے والے اہم افسانہ نگاروں میں ہوتا ہے۔

''دورنگا'' کے افسانوں میں سلمان بخاری نے دنیا کی موجودہ صورت حال اور تہذیبوں کے زوال کا نقشہ کھینچا ہے۔ عالمی دہشت گردی، سماجی مسائل، سیاسی اتھل پتھل، بے روزگاری، انسان کی دوہری زندگی اور معاش کے لیے ہجرت جیسے اہم موضوعات پر سلمان بخاری نے قلم اٹھا کر ''دورنگا'' نامی مجموعہ تخلیق کیا ہے۔''

''تھینک یو کورونا'' منیر ارمان نسیمی کے افسانوں کا تازہ مجموعہ ہے۔ اس مجموعے میں گذشتہ ڈیڑھ دو سال سے چھائے ہوئے عالمی مرض کورونا کے تعلق سے لکھی گئی کہانیوں کا مجموعہ ہے۔ اس مجموعہ میں کورونا کے دوران تڑپتی اور سسکتی ہوئی زندگی، مجبوری، غریبی، سفر در سفر اور اسپتالوں کا حال بحسن و خوبی افسانوں کی شکل میں پیش کیا گیا ہے۔

''چاند کے اس پار'' محمد سلمان کی مرتب کردہ کتاب ہے جس میں مصر کی جدید کہانیوں کو جمع کیا گیا ہے۔ یہ سبھی کہانیاں عربی زبان میں ہیں۔ ان کا اردو ترجمہ ڈاکٹر محمد قطب الدین نے کیا ہے۔ ان کہانیوں کے مطالعے سے ہمیں جہاں مصر کی تہذیب و ثقافت، ماحول اور انسانی زندگی کے نشیب و فراز کا علم ہوتا ہے وہیں ہمیں عربی زبان کی کہانیوں کی سمت و رفتار کا بھی پتہ چلتا ہے۔

''زندگی افسانہ نہیں اور زین کہانیاں'' دراصل سلام بن رزاق کی تحریر کردہ کتب ہے۔ ''زندگی افسانہ نہیں'' سلام بن رزاق کا پرانا افسانوی مجموعہ ہے جسے عرشیہ پبلی کیشنز نے اس سال دوبارہ نئے گیٹ اپ کے ساتھ شائع کیا ہے۔ سلام بن رزاق کو ساہتیہ اکیڈمی ایوارڈ بھی ملا ہے۔ سلام بن رزاق کا شمار ہمارے ان فکشن نگاروں میں ہوتا ہے جنھوں نے اردو افسانہ کو نئی زمین اور نیا آسمان عطا کیا۔ افسانہ کو قاری سے جوڑا اور اردو افسانے میں بیانیہ کی واپسی کرائی۔

''قوس قزح'' محترمہ عارفہ خالد شیخ کے افسانچوں کا پہلا مجموعہ ہے جو ایجوکیشنل پبلشنگ ہاؤس، دہلی سے شائع ہوا ہے۔ مجموعے میں تقریباً سو افسانچے شامل ہیں۔ عارفہ خالد شیخ صاحبہ افسانے اور افسانچہ تخلیق کرنے کے ساتھ ساتھ تنقید بھی کرتی رہی ہیں۔ افسانچوں پر آپ کی خاصی گرفت ہے۔ ''قوس قزح'' میں آپ نے بعض بہت اچھے افسانچے تخلیق کیے ہیں۔ جن میں مستی، بچپن، رہبری، نقاب، کایا پلٹ، مادر من، دل لگی، دو کتے، یاد حسین، مہمان نوازی، خود سپردگی، پرائی خوشی، تنگ دل وغیرہ اچھے افسانچے ہیں۔ افسانچہ مستی میں نئی نسل کی بے راہ روی، ماں کے ہاتھ کے کھانوں پر باہری کھانوں کو ترجیح دی گئی ہے۔ اس سے نہ صرف دونسلوں کے خیالات کا تضاد سامنے آتا ہے بلکہ نئی نسل کی باہر کے کھانوں پر ترجیح دکھائی دیتی ہے۔ اسی طرح دل لگی نام کے افسانچے میں بھی انسان کے دوغلے کردار کو سامنے لایا گیا ہے کہ جہاں وہ ایک طرف اس کے بغیر جینے کا تصور بھی محال سمجھتا ہے وہیں وہ شادی شدہ اور بال بچوں والا نکلتا ہے۔

''دکھتی رگ'' خالد بشیر تلگامی کے ذریعے لکھے گئے افسانچوں کا مجموعہ جو ایجوکیشنل پبلشنگ ہاؤس، دہلی سے شائع ہوا ہے۔ شروع میں 42 صفحات پر مشتمل مضامین اور تقریباً 25 صفحات پر معروف افسانہ اور افسانچہ نگاروں کی رائے موجود ہے۔ تقریباً 110 صفحات پر افسانچے شائع ہوئے ہیں۔ افسانچوں کو خوبصورتی کے ساتھ باکس میں شائع کیا گیا ہے۔

خالد بشیر کے کئی افسانچے ہمیں سوچنے پر مجبور کرتے ہیں۔ روبوٹ، معصوم سوال، سبق، شارٹ کٹ، باپ بیٹا، بٹوارہ، دیوار، ناسور،

مصروفیت، بھول، نجات وغیرہ اچھے افسانچے ہیں جو قاری کو متاثر بھی کرتے ہیں۔ اسی طرح ان کے دیگر افسانچے بھی اچھے ہیں لیکن فن افسانچہ نگاری پر کہیں کہیں کھرے نہیں اترتے۔ مجموعی طور پر کہا جاسکتا ہے کہ خالد بشیر تلگامی کے یہاں افسانچوں کے تعلق سے امکانات قوی ہیں۔

''**100 لفظوں کی کہانیاں**'' ریحان کوثر کا تازہ ترین افسانچوں کا مجموعہ ہے جو الفاظ پبلی کیشنز سے خوبصورت گیٹ اپ کے ساتھ شائع ہوا ہے۔ ریحان کوثر یوں تو اپنی مختلف شناخت رکھتے ہیں۔ ان کی دو درجن کے قریب کتابیں شائع ہو چکی ہیں جن میں بچوں کے لیے ڈرامے، کہانیاں، شاعری کے علاوہ سائنسی مضامین جس میں کمپوٹر بھی شامل ہے پر متعدد کتابیں شائع ہو چکی ہیں۔

''100 لفظوں کی کہانیاں'' نامی مجموعہ میں تقریباً پانچ درجن افسانچے شامل ہیں۔ مصنف کے دعوے کے مطابق انتساب سے لے کر شکریے تک 100 لفظوں میں تحریر ہوا ہے۔ ان افسانچوں میں دھوبی کا کتا، بستر کا کونا، ہیڈ لائن، چھپا ہوا سسٹم، رام بان، منورنجن، درد کی گولیاں، شہر کا ماحول، روہن اور گاندھی، بھارت مہان، وضو وغیرہ اچھے افسانچے ہیں۔ افسانچوں کو 100 لفظوں میں قید کرنا عجیب بات لگتی ہے۔ افسانچہ کو افسانچہ ہی رہنے دیں تو بہتر ہے۔

''**یہ کیسا رشتہ**'' دیپک بدکی کے افسانچوں کا نیا مجموعہ ہے جو میزان پبلشرز شری نگر سے شائع ہوا ہے۔ دیپک بدکی معروف افسانہ اور افسانچہ نگار ہیں۔ آپ نے فکشن کے علاوہ تحقیق و تنقید میں بھی اپنے جوہر دکھائے ہیں۔ آپ کی تقریباً ڈیڑھ درجن کتابیں شائع ہو چکی ہیں۔ افسانوں اور افسانچوں کے کئی مجموعے منظر عام پر آچکے ہیں۔ آپ کی کتابیں ہندی، انگریزی، بنگالی اور کشمیری میں بھی ترجمہ ہو چکی ہیں۔

''یہ کیسا رشتہ'' میں تقریباً چھیاسی افسانچے شامل ہیں۔ ان افسانچوں کی خاص بات یہ ہے کہ یہ موجودہ عہد کے مختلف معاملات پر گہرا طنز لیے ہوئے ہیں۔ ان میں کئی خوبصورت افسانچے ہیں جو قاری کو بہت متاثر کرتے ہیں۔ مثلاً نطفہ، یہ کیسا رشتہ، شطر مرغ، ایمان کی قیمت، بہروپیا، ایکس ٹینشن، تجاوز، اندھی گلی، چور کے گھر مور، گھریلو تشدد، فرماں برداری، جنت اور جہنم، ٹی۔ آر۔ پی وغیرہ ایسے افسانچے ہیں جو ہمیں غور و فکر کی دعوت دیتے ہیں۔

''**تھینک یو کورونا**'' منیر ارمان نسیمی کے افسانوں کا تازہ مجموعہ ہے۔ اس مجموعے میں گذشتہ ڈیڑھ دو سال سے چھائے ہوئے عالمی مرض کورونا کے تعلق سے لکھی گئی کہانیوں کا مجموعہ ہے۔ اس مجموعہ میں کورونا کے دوران تڑپتی اور سسکتی ہوئی زندگی، مجبوری، غریبی، سفر در سفر اور اسپتالوں کا حال بحسن و خوبی افسانوں کی شکل میں پیش کیا گیا ہے۔

''**قبرستان میں اذان**'' مشہور و معروف فکشن نگار انل ٹھکر کا نیا اور تازہ افسانوی مجموعہ ہے جو ان کی وفات کے بعد ان کے بیٹے نے موڈرن پبلشنگ ہاؤس، نئی دہلی سے شائع کرایا ہے۔ انل ٹھکر کا شمار 60ء کے بعد ابھرنے والے فکشن نگاروں میں ہوتا ہے۔ آپ کے کئی ناول اور کئی افسانوی مجموعے شائع ہو چکے ہیں۔ آپ کے فکشن کی خوبی یہ ہے کہ اس میں جہاں ہندوستانی زندگی ملتی ہے وہیں یوروپ کے انسانوں کے شب و روز بھی ملتے ہیں۔ ان کی کہانیوں میں ایک عجیب طرح کی کسک ملتی ہے جس میں ہندوستان سے باہر رہنے کا درد و کرب جھلکتا ہے۔

مذکورہ افسانوی مجموعے میں انل ٹھکر کے 9/افسانے شامل ہیں۔ یوں تو ہر افسانہ قرأت کا متقاضی ہے لیکن قبرستان میں اذان، دل گم شدہ، اعلان بغاوت، یہ تارے زمین کے وغیرہ کا شمار اچھے افسانوں میں ہوتا ہے۔

OOO

تیکھے لب و لہجے کا منفرد شاعر: مظفر حنفی

مضمون ______________ ڈاکٹر ظہیر حسن ظہیر

بیسویں صدی کی آٹھویں دہائی کے ایسے شعرا کی فہرست سازی کی جائے جن کی شاعری اپنے منفرد انداز و اسلوب، انوکھے خیالات اور مضامین و موضوع اور زبان و بیان کے اعتبار سے اپنے پیش رو شعرا سے مختلف ہو تو ان میں مظفر حنفی کا نام سب سے نمایاں ہوگا۔

مظفر حنفی ایک فطری تخلیق کار تھے۔ انہوں نے نظم و نثر دونوں اصناف میں اپنی تخلیقی بصیرت کا ثبوت فراہم کیا ہے۔ ہمہ جہت لفظ کا اطلاق صحیح معنوں میں ان کی شخصیت پر صادق آتا ہے۔ انہوں نے جس صنف میں اپنے تخلیقی جوہر کا استعمال کیا اسے اپنی کمال ہنرمندی، شعور و ادراک اور فطری صلاحیتوں کی بدولت حسن و وقار عطا کر دیا۔ موصوف میں بچپن ہی سے شعر گوئی کے آثار نظر آنے لگے تھے، اور انہوں نے غالباً پہلا شعر طالب علمی کے زمانے میں ہی کہا تھا۔ شاعری سے فطری دلچسپی کے سبب انہوں نے شاعری کا آغاز بچوں کے لیے نظمیں لکھنے سے کیا، لیکن درمیان میں ان کا میلان کہانی کی طرف ہو گیا، اور ان کے اندر کا شاعر کچھ عرصے کے لیے اچھا افسانہ نگار بن گیا، اور دو دہائی کے عرصے میں انہوں نے تقریباً ۵۰ سے زائد افسانے لکھے، اور وہ ''اینٹ کا جواب، دوغنڈے اور' دیدۂ حیراں' جیسے افسانوی مجموعے کے ذریعے ایک اچھے افسانہ نگار کے طور بھی سامنے آئے۔ لیکن مظفر حنفی کی اصل شناخت ایک غزل گو شاعر کی حیثیت سے قائم ہوئی، اور وہ اپنے ہم عصر شعرا و حید اختر، شہر یار، زیب غوری، ملچند ابانی، سلطان اختر، عمیق حنفی، شجاع خاور، مجروح سلطان پوری، مظہر امام، عرفان صدیقی اور بشیر بدر سے اپنے انوکھے اسلوب بیان شعری اظہار کے نت نئے انداز کے سبب تادیر یاد رکھے جائیں گے۔

مظفر حنفی کا کمال یہ ہے کہ انہوں نے جس صنف کو اپنایا اس کے فن کو مجروح نہیں ہونے دیا۔ بچوں کا ادب تخلیق کیا تو اس میں بھی پوری دیانت داری اور ایمان داری سے معیاری تخلیقات پیش کیں۔ افسانے کی تخلیق میں بھی اپنی جدت پسند طبیعت کا جوہر دکھایا۔ تحقیق و تنقید، تراجم کے حوالے سے انہوں نے جو کام کیے ہیں وہ بھی قابل داد ہیں۔ ادبی صحافت کے ذریعہ بھی اپنی خدمات پیش کیں۔ لیکن جب صنف غزل کو اپنایا تو پوری زندگی اس کا ساتھ نبھایا۔ چوں کہ اس مختصر مضمون میں مظفر حنفی کی مکمل ادبی خدمات کا احاطہ کرنا اس لیے ممکن نہیں ہے کہ ان کی خدمات ہمہ جہت اور ناقابل فراموش ہیں۔ اس مضمون میں محض ان کی غزلیہ شاعری پر اظہار خیال مقصود ہے۔

یہ عجیب اتفاق ہے کہ مظفر حنفی نے اردو کی سب سے توانا ترقی پسند تحریک کے ابتدائی زمانے یعنی یکم اپریل ۱۹۳۶ء میں آنکھیں کھولیں، اور اس کے شباب کے زمانے میں شاعری کا آغاز کیا، اور دوسری اہم تحریک یعنی جدیدیت کے زمانے میں ان کی شاعری میں کافی پختگی آ چکی تھی اور وہ منفرد انداز و اسلوب کے سبب اردو شعر و ادب میں ایک مستحکم شناخت قائم کر چکے تھے، لیکن ان کی شاعری کے مطالعہ سے اندازہ ہوتا ہے کہ انہوں نے ان دونوں تحریکوں کے نظریات سے اپنی شاعری کو متاثر نہیں ہونے دیا۔ کیوں کہ شاعری اگر نظریاتی حد بندیوں میں جکڑ دی جائے تو پھر اس میں وہ لطف باقی نہیں رہتا جو آزادانہ طور پر اظہار خیال میں ہوتا ہے، اس لیے کہ ہر فرد کی فطرت میں خیال کے اظہار کی آزادی مضمر ہے، اور وہی شاعری دیر تک زندہ رہتی ہے جو کسی تحریک کے نظریات اور اور اس کے اصول و ضوابط کی پابند نہیں ہوتی۔ اس ضمن میں مظفر حنفی فرماتے ہیں:

''میں ادب میں نظریاتی حد بندیوں کا قائل نہیں ہوں۔ آپ دیکھیں گے کہ حالی نے ضرورت

کے تحت جو اصلاحی تحریک چلائی، جب اس کی ضرورت باقی نہیں رہی تو لوگوں نے اس تحریک سے بغاوت کر کے دوسری طرح کی شاعری شروع کر دی۔ شاعری تو رنگا رنگ ہوتی ہے۔ اگر وہ زیادہ حد بندیوں میں جکڑ دی جائے تو پھر وہ شاعری نہیں رہتی۔''[1]

اردو کی غزلیہ شاعری کی تاریخ پر اگر ہم نظر ڈالیں تو اندازہ ہوتا ہے کہ ولیؔ دکنی سے لے کر میر تقی میرؔ تک شاعری کے موضوعات و مضامین میں کوئی خاص تبدیلی نظر نہیں آتی۔ وہی ہجر و وصال کی باتیں، محبوب کے خط و خال کی تعریف، روٹھنے، منانے اور محبوب کی بے وفائیوں کا ذکر ملتا ہے، لیکن میرؔ کے ہی زمانے میں سے داخلی کیفیات کے ساتھ ساتھ خارجی معاملات و مسائل کی ترجمانی غزل میں پائی جانے لگی تھی۔ تاہم غالبؔ تک آتے آتے غزل کا لہجہ یکسر تبدیل ہو گیا تھا۔ غالبؔ اپنے زمانے کے جدید شاعر تھے، انہوں نے اپنے پیش رو شعرا سے موضوعات و مضامین اور انداز و اسلوب کی سطح پر انفرادیت پیدا کرنے کی کوشش کی اور غزل میں نئے مضامین کو جگہ دی، اس سے یہ بات واضح ہوتی ہے کہ ہر نئی نسل کا مزاج مختلف ہوتا ہے، اور وہ نئی راہ کی تلاش میں سرگرداں رہتی ہے۔ میرؔ و غالبؔ کے زمانے میں بھی بہت سے شعرا تھے جو پرانی ڈگر پر چلتے رہے، چنانچہ یہی وجہ ہے کہ ان کی شاعری میرؔ و غالبؔ کی طرح تا دیر اپنا اثر باقی نہیں رکھ سکی۔

اردو کی تمام شعری اصناف میں غزل اس لیے بھی اہمیت کی حامل ہے کہ اس میں فرد کی ذات کے داخلی و خارجی معاملات، عصری مسائل، عشق و محبت کی سحر انگیز روداد کے ساتھ ہی قوموں کے عروج و زوال کی داستان بھی موثر انداز میں بیان کی جاتی رہی ہے۔ اس کی اہم خصوصیت یہ ہے کہ اس میں ہر عہد کی تہذیب و ثقافت، تاریخ اور انسانی سماج میں رونما ہونے والے حادثات و واقعات شعر کے قالب میں ڈھل کر عیاں ہو جاتے ہیں۔ اس ضمن میں معروف نقاد پروفیسر مولا بخش رقم طراز ہیں:

''غزل در اصل انسانی سرشت سے وابستہ شاعری ہے، جو ہمیشہ اس عنصری انسان (Elemental man) کو سامنے سے لانا چاہتی ہے، جو دنیا کے مکر و فریب اور تعمیر و ترقی کے نام پر ٹھگ لیا جاتا رہا ہے۔ یہ ایک ایسی شاعری ہے، جس کا بنیادی ایجنڈا عشق و محبت، احترام آدمی اور روحانی ہم رشتگی ہے۔ اس کے ساختیوں میں ہی اجتماعیت اور انسانیت کا پیغام پوشیدہ ہے.......... غزل بذاتِ خود ایک ضابطۂ حیات اور مخصوص ثقافتی مدلولات پر اصرار کرنے والی صنف ہے۔ اس لیے یہ کہنا صحیح نہیں کہ غزل ہر عہد میں بدل جاتی ہے، بلکہ یہ کہنا صحیح ہے کہ غزل کے قالب میں ہر عہد اپنے اعتبار سے سانس لے سکتا ہے۔''[2]

مذکورہ بالا اقتباس کی روشنی میں جب ہم مظفر حنفی کی غزلیہ شاعری کا مطالعہ کرتے ہیں تو ہمیں اس کا بہ خوبی اندازہ ہوتا ہے۔ ان کی شاعری میں طنز کا جو توانا اسلوب پایا جاتا ہے وہ در اصل ان کے عہد اور سماج میں پائی جانے والی ناہمواریوں کی دین ہے۔

مظفر حنفی نے غزل کو صرف انوکھا خیال ہی نہیں بخشا بلکہ غزل کی شمع کو اشتعال دینے کے ساتھ ہی نئی زبان بھی عطا کی۔ جدت و ندرت ان کے خمیر میں شامل ہے، اس لیے وہ اپنی الگ راہ بنانا چاہتے ہیں، اس لیے کہ انہیں پرانی ڈگر پر چلنا گوارا نہیں۔ ان کے اندر جو طنطنہ، حوصلہ اور بے باکی ہے وہی ان کی پہچان ہے۔ ان کا محض شعری لب و لہجہ ہی مختلف نہیں ہے، بلکہ ان کا انداز فکر بھی جداگانہ حیثیت کا حامل ہے۔ اس ضمن میں چند اشعار دیکھیں:

غزل کی شمع کو میں اشتعال دیتا ہوں
نئی زبان انوکھے خیال دیتا ہوں

بس کہہ دیا کہ ہم نہ چلیں گے کسی کے ساتھ
پیچھے پلٹ کے دیکھ رہا ہے زمانہ کیوں

عظمت سے ہٹ کے ندرت و جدت کو ناپیے
ہم اور چیز غالبؔ و میرؔ و فراقؔ اور

ٹھپہ لگا ہوا ہے مظفرؔ کے نام کا
اس کا کوئی بھی شعر کہیں سے اٹھا کے دیکھ

اس کھردری غزل کو نہ یوں منھ بنا کے دیکھ
کس حال میں لکھی ہے مرے پاس آکے دیکھ

سوچ نئی ہے لہجہ تیکھا، لفظ کھرے آواز جدا
دانستہ رکھا ہے اپنے شعروں کا انداز جدا

کوئی بھی تخلیق کار جب اپنا خونِ جگر صرف کر کے کوئی تخلیق خلق کرتا ہے تو وہ شاہکار ہوتی ہے۔مظفر حنفی نے غزل کی تخلیق میں نہ صرف اپنا خونِ جگر صرف کیا ہے، بلکہ برسوں ریاضت بھی کی ہے،تب کہیں جا کر ان کے شعروں میں تب وتوانائی پیدائی ہوئی ہے۔مظفرؔ حنفی کو لفظوں کو سلیقے سے برتنے کا ہنر بھی بہ خوبی آتا ہے۔انہوں نے لفظوں کے وسیلے کہیں حسن وعشق کے جذبات کو ابھارا ہے تو کہیں شعلہ وشرارہ جیسی کیفیت بھی پیدا کی ہے۔ان کے نزدیک شعر گوئی کا فن حباب کی طرح نازک ہے،لیکن اسے بھی وہ اپنے کمالِ ہنرمندی کے سبب اٹھانے میں کامیاب نظر آتے ہیں۔اشعار دیکھیں۔

میں نے ڈبو کے نوکِ قلم اپنے خون میں
جس لفظ کو چھوا وہ شرارہ سا بن گیا

....

نازک ہے فن شعر مگر طرز نو کے ساتھ
ہم اس حباب کو بھی سلامت اٹھائیں گے

مرا کمال ہنر میری صاف گوئی ہے
صعوبتیں بھی اسی بات پر اٹھاتا ہوں

تقسیم ہند کے المیے کو ہر حساس شخص نے محسوس کیا،خصوصاً شعرا اور ادبا نے اس کو بڑی شدت سے محسوس کیا۔اس المناک حادثے

کے وقت مظفر حنفی نے عمر کی صرف گیارہ بہاریں دیکھی تھیں، اور اس حادثہ کا دردناک منظر ان کے ذہن و دل پر نقش ہو گیا، چنانچہ جب ان کا شعور بیدار ہوا، نیز اپنے احساسات و جذبات کو پیش کرنے کا تخلیقی ہنر آیا تو اس کرب کو انہوں نے اپنی شاعری کے ذریعہ اجاگر کیا۔ ان کے لہجے میں جو درد و سوز ہے اس سے ان کی داخلی کیفیت کا اندازہ ہوتا ہے۔ چند اشعار دیکھیں:

کس لیے صحن میں دیوار ہے پوچھو ان سے
کون بٹوارے پہ تیار ہے پوچھو ان سے
زمین تنگ ہے مظفر مرے زمانے کی
سبھی بلاؤں نے ہندوستان کو دیکھا
اب جو بٹوارہ ہوا تو مورتی بھگوان کی
بانٹ لی جائے گی دو ٹکڑے برابر کاٹ کر
سائے مچل رہے ہیں چراغوں کی گود میں
سمجھے تھے ہم کہ گھر سے اندھیرا نکل گیا

کوئی بھی فن کار اپنے عہد کے مسائل سے روگردانی نہیں کر سکتا۔ مظفر حنفی نے بھی اپنی شاعری میں اپنے عہد کی نارسائیوں، رشتوں کی پامالی، اقدار کی شکست و ریخت، تہذیبی زوال، ذہنی انتشار، سماجی ناہمواری، انسانی جذبات و احسات کی ناقدری، سیاست کی کجروی، انسانوں کے ہاتھوں انسانیت کے سفاکانہ قتل عام، سرد پڑتے ہوئے محبت و رواداری کے جذبے، معاشرتی نظام کے کھوکھلے پن اور انسانوں کے ذریعہ انسانوں پر کیے جا رہے بے دریغ ظلم و ستم، مکر و فریب، دوسروں کا استحصال کر کے اپنی زندگی کو خوشگوار بنانے اور بے بس و مجبور انسانوں کی حالت زار پر آنسو بہانے کے بجائے ان کا مذاق اڑانے جیسے غیر اخلاقی اور غیر انسانی رویئے پر افسوس کا اظہار کیا ہے۔ ان کے اشعار میں ان کے عہد کا سماجی رویہ مصور ہو گیا ہے۔ اس بابت پروفیسر مولا بخش فرماتے ہیں:

''مظفر حنفی نے اپنی شاعری میں ہمارے زمانے یعنی اکیسویں صدی کو کچھ اس طرح سے پیش کیا ہے کہ ہم ان کی شاعری کو اپنے عہد کے زندہ سوالوں سے جوڑ کر زندگی کی راہوں میں پھیلے اندھیروں سے نباہ کرنے کا ہنر حاصل کر سکتے ہیں۔ ان کی شاعری واقعتاً زوال صدی کا ایک ایسا دل فگار رزمیہ ہے جس سے آنے والے عہد میں بھی قارئین روشنی حاصل کر سکتے ہیں۔ مظفر حنفی ہمارے عہد کی شاعری میں ایک ایسا نام ہے جسے بھلانا ناممکن ہوگا۔''[۳]

مذکورہ بالا اقتباس کی روشنی میں جب قاری مظفر حنفی کی شاعری کا مطالعہ کرتا ہے تو اسے ان کی شاعری میں ہمارے عہد کی تمام کھردری سچائیاں پوری حسن و خوبی کے ساتھ دکھائی دیتی ہیں۔ ان کے لہجے میں کہیں خوشگواری ہے تو کہیں طنز کی کاٹ بہت گہری ہے۔ ان کی شاعری میں استعمال کی گئی لفظیات میں تیر و نشتر کی جو تیزی در آئی ہے اس کے مختلف محرکات و عوامل رہے ہیں۔ انہوں نے اپنے استاد شاد عارفی کا طنزیہ اسلوب ضرور اختیار کیا، لیکن اس میں ان کا اپنا تجربہ و مشاہدہ بھی شامل ہے۔ چند اشعار دیکھیں۔

میں قصبے کا بھولا پنچھی اندر باہر ایک
جس شہری نے ہاتھ ملایا کاٹ لیا پر ایک
طوفاں سے کیا باتیں کی ہیں پیارے مانجھی سچ بتلانا
دریا کو گروی رکھا ہے یا ساحل کو بیچ دیا
تعصب سخت ایسا کہ صدیوں تک نہیں مرتا
بھروسے کی عمارت لمحے بھر میں بیٹھ جاتی ہے
میں شاعر ہوں مری پرچھائیں مستقبل پہ پڑتی ہے
مگر تاریخ کی ہر چوٹ میرے دل پہ پڑتی ہے
ٹوٹتی رہتی ہے سینے میں مسلسل کوئی شے
درد مصروف ہے راتوں کو سحر کرنے میں
مختلف انداز رکھتی ہے مظفر کی غزل
یہ ہماری آپ بیتی ہے خبر نامہ نہیں
ابھی درخت پہ پتھر چلا رہا تھا میں
گرے ہیں پھل تو انہیں چوم کر اٹھاتا ہوں
تاروں کی موت گریۂ شبنم پہ ٹل گئی
سورج کے قتل پر تو برستا رہا لہو

مذکورہ بالا اشعار پر غور کریں تو یہ بات واضح ہوتی ہے کہ مظفؔر حنفی کا مخاطبہ نرالا ہے۔ پہلے شعر میں معصوم انسان کے دکھ درد کو بیان کیا گیا ہے۔ دوسرے شعر میں شاعر نے رہنماؤں سے سوال کیا ہے اور صورت حال سے آگاہی حاصل کرنے کی کوشش کی ہے۔ تیسرے شعر میں تعصب و تنگ نظری کی سخت جانی کی طرف اشارہ کیا ہے کہ یہ کس قدر بری شے جو صدیوں میں بھی ختم نہیں ہوتی، جس کا خسارہ بھروسے کی عمارت ٹوٹنے کی صورت میں سامنے آتا ہے۔ علاوہ ازیں دیگر اشعار میں بھی مظفؔر حنفی نے اپنے عہد کے انسانوں کے دکھ، درد، بے حسی، بے چارگی اور غیر یقینی صورت حال کو اجاگر کرنے کی کامیاب کوشش کی ہے۔

اردو شاعری میں کربلا کو بہ طور استعارہ استعمال کرنے کی ایک مستحکم روایت موجود ہے۔ مظفؔر حنفی نے موجودہ عہد کے المیے کو کربلا میں پیش آنے والے ظلم و جبر سے جوڑ کر دیکھنے کی کوشش کی ہے۔ علاوہ ازیں انہوں نے غزل کے بنیادی موضوع کو بھی متنوع انداز میں پیش کیا ہے۔ کلاسیکی روایت کی پاس داری بھی ان کی شاعری میں خوب صورت اور نئے انداز و اسلوب میں پائی جاتی ہے۔ تشبیہات و استعارات، تلمیحات، علامات، نت نئی تراکیب، مروج اور رواں بحروں نیز نئی زمینوں میں شعر کہنے کا ہنر اور محاورے کا استعمال بھی انوکھے اور منفرد انداز میں پایا جاتا ہے۔ ان سب کے باوجود ان کی غزلوں میں ان کا ذاتی درد و کرب، سماج میں انسانوں کے ساتھ کیے جا رہے ناروا سلوک جیسے

مسائل پوری تب وتاب کے ساتھ جلوہ گر ہیں۔ اس تعلق سے شمیم حنفی لکھتے ہیں:

''کلاسیکی شاعری کے مانوس رنگوں، لہجوں اور لسانی مضمرات کی آگہی کی سطح ان کے یہاں اتنی ہی نمایاں ہے جتنی کہ خلیل الرحمٰن اعظمی، حسن نعیم، ظفر اقبال اور عرفان صدیقی جیسے شاعروں کے کلام میں۔ لیکن جو بات انہیں اپنے عہد کے دوسرے نو کلاسیکی شاعروں سے الگ کرتی ہے وہ سماجی برہمی، طنز اور تناؤ کی نوکیلی کیفیتیں ہیں۔''[۱۴]

مذکورہ بالا اقتباس سے یہ بات واضح ہوتی ہے کہ مظفر حنفی کے یہاں کلاسیکی شاعری کا رنگ و آہنگ اپنی پوری آب وتاب کے ساتھ جلوہ گر ہے۔ لیکن ان کے یہاں برہمی کا انداز، تناؤ کی صورت حال اور جو عصری حسیت پائی جاتی ہے، وہ انہیں اپنے عہد کے شعرا سے ممتاز کرتی ہے۔ مظفر حنفی نے کربلا کو بطور استعارہ استعمال کر کے عصر حاضر کے سلگتے مسائل کو اجاگر کرنے کی کامیاب کوشش کی ہے۔ چند اشعار ملاحظہ فرمائیں۔

گردن جھکاتے ہی چلی پشت پہ تلوار
سر ہم نے اٹھایا تھا کہ ماتھے پہ لگا تیر

سر پہ تلوار لٹکنے کا مزہ کہتا ہے
اور کچھ دیر ابھی سر نہ اٹھایا جائے

سیراب ہوچکے ہوں اگر آپ تو چلیں
تشنہ لبی کا عرس منائیں فرات پر

آج تک آزما رہی ہے مجھے
کربلا پھر بلا رہی ہے مجھے

لائق دید وہ نظارہ تھا
لاکھ نیزے پہ سر ہمارا تھا

مظفر حنفی نے اپنی شاعری میں نئی زمینوں اور جدید انداز کے قوافی اور ردیف کا استعمال جس سلیقے سے کیا ہے، وہ بھی کافی متاثر کن ہے، اور قاری ان کے اشعار کا مطالعہ کرنے پر مجبور ہو جاتا ہے۔ انہوں نے جس انوکھے انداز سے اپنی شاعری میں نئے الفاظ اور نئے مضامین کو برتا ہے وہ بھی ان کی فنی پختگی اور بالغ نظر ہونے کی دلیل ہے۔ انہوں نے نئے موضوعات و مضامین کو برتنے سے گریز نہیں کیا بلکہ اس کو اس انداز سے برتا ہے کہ ان کی غزلوں میں زمانے کے مسئلے آکر رنگ رخ بتاں کی طرح حسین ہو گئے ہیں۔ ان کی شاعری سے متعلق شمس الرحمٰن فاروقی کی صائب رائے بھی بڑی معنی خیز ہے۔ وہ لکھتے ہیں:

''مظفر حنفی نے انتہائی شگفتہ زمینوں میں رواں دواں شعر کہے ہیں۔ معلوم ہوتا ہے کہ نئے نئے ردیف و قافیہ کا ایک فوارہ ہے جو ابلتا جا رہا ہے۔ ان کی شاعرانہ چالاکی کہیں مات نہیں

کھاتی..........غزل میں دنیاداری اور پنچایتی رنگ بھی ہوسکتا ہے۔ضرورت اس بات کی ہے کہ شاعر کو ندرت کی تلاش ہو، وہ نئے الفاظ اور مضامین کو 'مضر' نہ سمجھے، ان سے پرہیز نہ کرے، بلکہ انہیں غزل کے مزاج کے موافق بنائے۔''۵

مذکورہ بالا اقتباس کے تناظر میں مظفؔر حنفی کے غزلیہ اشعار ملاحظہ فرمائیں۔

نکلی نہا کے آج وہ جب باتھ روم سے
ساری رنگ آبِ گہر کی طرح لگا

ایسا لگا سمٹ سی گئی ساری کائنات
اس نے کمر کے گرد جو ساری کو بل دیا

اگی ہے دوب بھی یہاں ترے بدن جیسی
کھلے ہیں پھول یہاں بھی ترے لبوں کی طرح

مظفؔر بھی چلے ہیں عشق کرنے
کہیں سے دل مہیا کر لیا ہے

بسر کیے ہیں مظفر نے بن میں چودہ سال
چمک رہا ہے غزل میں چنار کا جنگل

قریب آؤ کہ مہندی رچی ہتھیلی پہ
ستارہ دیدۂ نمناک سے اتارا جائے

جلوہ بھی اس کا پر دا ہے محرومی محرومی
میں نے اس کو کب دیکھا ہے محرومی محرومی

آئینے میں بھی روپ بدلتا ہے میرا عکس
ہابیل کی طرح کبھی قابیل کی طرح

اس کلجگ میں گھر کی لنکا ڈھانی ہوگی رام
پہلے خود اپنے اندر کے رام کو مارو

کس جگہ رہیے ، کہاں دن کاٹیے ، کیا کیجیے
گاؤں میں کیچڑ بہت شہر میں کم ہے ہوا

دیکھنا کیسے ہمکنے لگے سارے پتھر
میری وحشت کو تمہاری گلی پہچانتی ہے

صحن چمن کا تم کو جو نگراں بنا دیا
تم نے تو چار دن میں بیاباں بنا دیا
آنکھ سے دامن تک آنے میں یہ حالت ہوگئی
خون کا قطرہ بھی آدھا زرد آدھا سرخ ہے
یوں بھیڑ میں چھپی ہے مری انفرادیت
جس طرح ریگزار میں موتی رلے ہوئے
آج تیری مجبوری مانگتی ہے دو لقمے
کل ضمیر جائے گا صد ہزار آئے گا

مذکورہ بالا اشعار کی قرأت سے اس بات کا اندازہ ہوتا ہے کہ مظفر حنفی کا مطالعہ ومشاہدہ کس قدر عمیق ہے۔ان کی غزلوں میں عصری حسیت کی کارفرمائی بھی ہے اور تخلیقی وفنی حسن کی جلوہ گری بھی۔فکر وخیال میں تازگی بھی ہے اور لہجے میں کرختگی بھی۔ان کے نگارخانہ شاعری میں زندگی کے مختلف رنگ پائے جاتے ہیں۔ان کی شاعری قاری کے احساس کو جھنجھوڑتی بھی ہے اور اپنا محاسبہ کرنے کا مطالبہ بھی کرتی ہے۔تاہم یہ بات پورے وثوق کے ساتھ کہی جاسکتی ہے کہ ان کی شاعری میں غزلیہ شاعری کی وہ تمام خوبیاں موجود ہیں،اور اس میں تادیر زندہ رہنے کے بھرپور امکانات بھی ہیں۔

بائیں پہلو کی پسلی: ایک تجزیہ

مضمون _______________ ڈاکٹر محمد کاشف

اردو افسانہ پریم چند سے شرع ہو کر ایک صدی کا عرصہ پورا کر چکا ہے۔اس دوران اردو افسانے نے موضوعات اور اسالیب اور ٹیکنک کی سطح پر مختلف مدارج سے گزرتے ہوئے آج اپنے عروج کے اس مقام پر ہے جہاں ہم اسے بجا طور پر دنیا کی دوسری ترقی یافتہ زبانوں کی مختصر کہانیوں کے ہم پلہ رکھ سکتے ہیں۔

مابعد جدید کے اس دور میں اردو افسانہ انسانی حیات وممات،انسانی سماج اور تہذیب اور انسانی نفسیات کے اسرار ورموز کو سمجھنے اور انسانی افعال کے پس پشت عوامل ومحرکات کی گہرائی تک پہنچنے کی جوسعی کی وہ قابل تعریف ہے۔

احمد رشید مابعد جدید افسانہ نگاروں میں ایک اہم نام ہے۔ان کے افسانے جہاں بظاہر فطرت اور کائنات کی رنگا رنگی کو اجاگر کرتے ہیں۔وہیں تاریخ وتہذیب اور تخلیقِ کائنات، مذہبی اور اساطیری حوالے ان کے افسانوں کو معنویت فراہم کرتے ہیں۔ان کے افسانوں کے علائم اور استعارات کی بنیاد تخلیقِ کائنات کے مظاہر،اساطیر اور قدیم تہذیبی تصورات پر ہے۔ان کے افسانے کی تفہیم اور اس کی تفسیر کے لیے مذہب، اساطیر اور سماج کی بنیادی سمجھ کی ضرورت ہے۔یہاں ان کے ایک افسانے ''بائیں پہلو کی پسلی'' کا تجزیہ مقصود ہے۔احمد رشید کے افسانوی مجموعہ کا نام اسی افسانے پر کیا گیا ہے۔اس افسانے میں عورت کی تخلیق اور وجودی کرب کو موضوع بنایا گیا ہے۔افسانہ کا آغاز کائنات کی تخلیق سے ہوتا ہے ۔افسانے کے آغاز میں اس بات کی طرف واضح طور پر اشارہ کیا گیا ہے کہ عورت کی تخلیق دراصل خدا کی منشا کی بنا پر ہوتی ہے۔اگر اس کی مرضی شامل ہوتی تو وہ اشرف المخلوق ہونے کے بجائے اُگا ہوا درخت خلق ہونا پسند کرتی۔

آسمان اور زمین کی تخلیق اور اس کی تخلیق سے پہلے کیا تھا اس کو بھی افسانے کے آغاز میں بیان کیا گیا ہے۔اس طرح انسان کی تخلیق کیسے اور کیوں ہوئی۔اور پھر عورت کی تخلیق انسان کی سکون وقرار کے لیے کی گئی۔اس کو آدم کی بائیں پسلی سے پیدا کیا گیا۔افسانے میں اس قرآنی واقعے کا بھی بیان ہے۔ جہاں آدم اور حوا کو ایک خاص درخت کے پھل کھانے پر دارالامتحان میں اتار دیا گیا۔ان واقعات کی تفصیل بھی اس افسانے میں ہے۔وہ دونوں کیسے ملے اور ان دونوں سے نسل آگے بڑھی اور قابیل کے ہاتھوں ہابیل کا قتل عورت کے جمال کی وجہ سے ہوا۔یہاں افسانہ نگار کا عورت کے تئیں نظریہ بھی سامنے آتا ہے۔ایسا لگتا ہے کہ افسانہ نگار عورت کی تخلیق اور اس کے وجودی اور سماجی مسائل کو ایک عورت کی نظر سے دیکھنے کی کوشش کی ہے۔عورت کے کرب کا اظہار جس طرح سے کیا گیا ہے وہ اس کے جودی کشمکش پر دلالت کرتا ہے۔یہ اقتباس دیکھئے۔

> ''میرا حسن وجمال شر کا استعارہ ہے میرا بے جمال ہونا باعث اذیت اور حقارت جبکہ نہ جمال میرا نہ بے جمال ہونے میں دخل میرا...... میری تخلیق گناہ اور بہکاوے کی دلیل جب کہ یہ سب کرشمہ کاتب تقدیر کمال عزوجل۔''

دراصل افسانہ نگار عورت کی تخلیق اور اس کے سماجی مسائل اور صورت حال کی کہانی ایک عورت کی زبانی بیان کر رہا ہے۔عورتوں پر ظلم و زیادتی نہ صرف مخالف جنس کی طرف سے کی گئی بلکہ ہم جنسوں نے بھی کوئی کسر باقی نہ رکھی۔نند، بھابھی،ساس،بہو، دیورانی، جیٹھانی سب ایک

دوسرے سے برسر پیکار ہیں۔اس طرح رحم مادر میں ہی اس کے وجود کو مٹا دیا جاتا ہے۔اس کے قتل کے پیچھے ایک عورت ماں کا ہی ہاتھ ہوتا ہے۔ جدید دور کے طبی اور ٹکنالوجی کی ترقی کو بھی اس معاملے میں کس طرح سے استعمال کیا جا رہا ہے۔افسانے میں اس کی طرف بھی اشارہ کیا گیا ہے۔ اس کے علاوہ قدیم دور کے اس رسم کو بھی بیان کی گیا ہے جس میں شوہر کے مرنے پر بیوی کو اس کے چتا کے ساتھ جلایا گیا۔ یہاں پر تہذیب اور دھرم کے ادھیکاروں کو بھی طنز کا نشانہ بنایا گیا۔شوہر کو مجازی خدا یا بھگوان کی طرح ہماری روایت میں تصور کیا جاتا ہے۔ یہاں عورت سوال کرتی ہے کہ جب وہ بھگوان تھا مرا کیوں؟ اس کے مرنے پر عورت کو سزا کیوں ملی؟ اور بہت سارے سوالات ہیں جن کا جواب دھرم ادھیکاری یا پھر پدرانہ سماج کے پاس نہیں ہے۔لیکن یہ سوالات حقیقت کے شکل میں آج بھی برقرار ہیں۔

''میں تو پتی کے پریم میں جل گئی۔کیا میرا پتی میرا سوامی میری چتا میں جلتا؟ نہیں نہیں پتی دیو......نہیں میرا سوامی...... میں تو داسی ہوں ......داسی بنا گوارہ ......لیکن دیو داسی ......بچپن میں باپ کی ملکیت ......جوانی میں شوہر کی...... بیوگی میں اولاد کی مملوکہ...... جب کہ آدھی زمین کی میں مالک اور آدھا آسمان میرا ہے پھر بھی میں
کنگال۔''

سماج میں عورت کی کیا حیثیت ہے اس کا اندازہ اس اقتباس سے لگایا جا سکتا ہے۔عورت اپنا سب کچھ لٹانے کے بعد بھی اس کے پاس کچھ نہیں بچتا۔یہی اصل حقیقت ہے۔

یونان میں اور عیسائیت میں عورت کی حیثیت کیا تھی؟ کبھی اسے سارے مصائب کا موجب قرار دیا گیا تو کبھی اس کی پرستش بھی کی گئی۔یونانی اساطیر سے لے کر عیسائیت اور موجودہ دور تک عورت کی جو مختلف حیثیتیں تھیں ان کی طرف افسانے میں اشارہ کیا گیا ہے۔اسلام کے آنے کے بعد عورت کی صورتحال بدلی،اس پر بھی روشنی ڈالی گئی ہے۔

''قدیم دور میں جو عورت کی حیثیت تھی اس کو بحر ظلمات سے تعبیر کیا گیا اس کی زندگی میں روشنی اور نور اس وقت پیدا ہوا جب آپ ﷺ کی بعثت ہوئی آپ ﷺ نے عورت کی اصل حیثیت اور عزت دلوائی اس طرح سے ظلم و بربریت سے نجات دلا کر ہمیں عزت وقعت دلائی۔قانون کی فطرت کی روشنی میں مکمل ضابطۂ حیات ترتیب دیا۔اور کائنات میں غائر درجے کا اعتدال اور توازن کا اجالا بکھیر دیا۔جس میں فطرت انسانی کے مخفی پہلو اس کے جسمانی ساخت،حیوانی جبلت اور انسانی سرشت کا پورا پورا دھیان رکھا۔''

افسانہ نگار کے مطابق اسلام ہی وہ مذہب ہے جس نے عورت کو وہ عزت اور وقعت عطا کی جو اسکے جسمانی ساخت اور سرشت کے مطابق تھی۔ دوسرے مذاہب میں عورت کو یا تو داسی تصور کیا گیا یا پھر دیوی بنا کر پوجا گیا۔وہ افراط و تفریط کا شکار تھی اسلام نے اسے ذلت سے اٹھا کر وہ عزت بخشی جس کی وہ حقدار تھی۔

دوسری طرف جدید صنعتی دور میں جدیدیت کے نام پر عورت کو تمام قید و بند سے آزاد کرنے کی آواز اٹھی۔ یہ آزادی دراصل ذہنی بیداری کا حصہ تھی جو یورپ اور امریکہ میں اٹھی اور پوری دنیا میں پھیل گئی۔اس بیداری کے نتیجے میں اسے کیا ملا اس اقتباس میں دیکھیے:

''وہ سوچتی ہے لیکن حقیقی عورت کو کیا ملا۔اگر ملا تو مرد بن کر ملا۔عورت کی حیثیت آج بھی ویسے ہی ذلیل

ہے۔عزت اگر ہے تو اس مرد مؤنث یا زن مذکر کے لیے جو جسمانی حیثیت سے عورت مگر دماغی اور ذہنی حیثیت سے مرد ہو۔''

عورت اور مرد کے تعلق کے حوالے سے کردار کے ذہن میں جو سوالات ابھرتے ہیں کہ کیا یہ تعلق صرف جسمانی ہے یا پھر ذہنی اور روحانی اتصال بھی جسمانی اختلاط کا ہی حصہ ہے۔اس کے علاوہ ماں کے پیٹ سے زمین کے پیٹ تک کا سفر اندھیرا اُجالا اور پھر اندھیرے کا سفر ہے۔ یہاں افسانہ نگار نے عورت کو ماں کی حیثیت سے زمین سے مشابہ دکھایا ہے۔ یہ کوئی نیا تصور نہیں ہے۔ یہ تصور اسلام اور قدیم مذاہب میں بھی موجود ہے۔افسانہ نگار نے کردار کے ذریعہ سے اس بات کی طرف توجہ دلائی ہے کہ زمین میں صرف بیج بو دینا ہی کافی نہیں بلکہ اس کی صیانت بھی ضروری ہے اس طرح عورت کی پرورش اور اس کے رکھوالی کی ذمہ داری مرد پر ہے۔مگر اس فرض کو کس طرح سے ادا کیا جا رہا ہے یہ سب کے سامنے ہے۔

عورت اور مرد کے درمیان تعلقات میں جو گرم جوشی ازدواجی رشتے سے پہلے اور اس کے ابتدائی دور میں ہوتی ہے وہ دھیرے دھیرے معمول میں کیسے تبدیل ہو جاتی ہے۔اس طرف بھی افسانے میں اشارہ کیا گیا ہے۔ دراصل افسانہ نگار نے راوی کردار کے ذریعے یہ دکھانے کی کوشش کی ہے کہ ازدواجی زندگی معمول کی زندگی میں تبدیل ہو کر کس طرح سے یکسانیت میں تبدیل ہو کر بالآخر عورت کے لیے جہنم بن جاتی ہے،افسانے میں اس کا بھی ذکر ہے۔اور اس طرح سے باہر اور گھر کی ذمہ داری میں اس کی حصے داری بڑھ جانے کے باوجود عورت مرد کے بے توجہی کا شکار ہو جاتی ہے۔ان سب باتوں کی طرف بلاغت کے ساتھ اشارہ کیا گیا ہے۔جدید عورت جو گھریلو کام کے علاوہ نوکری بھی کرتی ہے۔لیکن اس کی سماجی حیثیت میں کوئی خاص فرق نہیں آتا۔نوکری کرنے کے باوجود عورت پر پابندی زیادہ ہوتی ہے اور مرد خود مختار اور آزاد ہوتا ہے اور کبھی کبھی اس آزادی کا مرد غلط استعمال کرنے سے بھی گریز نہیں کرتا۔اس کا اثر ازدواجی زندگی پر بھی پڑتا ہے۔یہ اقتباس ملاحظہ کیجیے:

''مرد پورے طور پر مکمل اور عورت ادھوری ہوگئی یا بیچ میں کہیں مرگئی.......... ہر جوڑ کا آخری نتیجہ توڑ ہوتا ہے اس لیے میں نے علاحدگی اختیار کر کے رہائی حاصل کر لی۔''

اس افسانے میں احمد رشید نے عورت کے ارتقا کی کہانی عورت کی زبانی بیان کی ہے۔اس بیان میں انھوں نے اپنے خیالات ونظریات کو بھی وضاحت کے ساتھ بھی پیش کیا ہے۔لیکن ان کا کمال یہ ہے کہ عورت کی حیثیت اور اس کی زندگی کے نشیب وفراز کو اجاگر کرنے کے لیے جن مذہبی اور اساطیری تفصیلات کا سہارا لیا ہے وہ سامنے کے ہونے کے باوجود فن کے تانے بانے سے ہم آہنگ ہیں۔افسانے میں افسانہ نگار نے ایسے جملے بھی جا بجا لکھے ہیں جو کہانی کے محدود کینوس کو وسیع معانی سے ہمکنار کرنے میں مدد دیتے ہیں۔مثال کے طور پر

''اس وقت میرا اپنا وجود کچھ بھی نہ تھا۔ایک ایسا رقیق مادہ جو جس برتن میں گرتا ہے ویسی ہی صورت اختیار کر لیتا ہے۔''

''مرد ایک ٹھوس مادہ ہوتا ہے جس کی اپنی صورت اور اپنا ایک حجم ہوتا ہے جو ٹوٹ کر نا قابل تقسیم جز بن کر ایٹم کی طرح خطرناک ہو جاتے ہیں۔''

اس طرح کے بلیغ جملے جہاں کہانی کے معنوی کینوس کو وسعت دیتے ہیں وہیں ان سے کہانی کی تفہیم کو واضح کرنے میں مدد بھی ملتی ہے۔ بہرحال احمد رشید اپنی تخلیقی صلاحیت کو بروئے کار لاکر اردو افسانے کو ایک نئی سمت دینے کی کوشش کی ہے۔

بیرون ممالک میں اُردو

_______________ انجم النساء بیگم (زیبا)

اُردو ہے جس کا نام' ہمیں جانتے ہیں داغ

سارے جہاں میں دھوم ہماری زباں کی ہے

داغ دہلوی نے اُردو زُبان کے تعلق سے جو کچھ کہا تھا وہ سچ ثابت ہوا۔ آج اُردو زُبان دنیا کے کونے کونے میں پہنچ چکی ہے۔ نہ صرف ہندو پاک بلکہ دیگر مغربی ممالک میں بھی اُردو زبان سے لگاؤ رکھنے والوں نے اُردو کی بستیاں آباد کی ہیں۔ اُردو ایک زبان ہی نہیں بلکہ ایک عظیم الشان تہذیب کی ترجمان بھی ہے جس کی جڑیں برصغیر ہندو پاک کی زمین میں پیوست ہیں۔ ادبی تاریخ گواہ ہے کہ جب جب اور جہاں جہاں ہندو پاک کے اہل قلم نے ہجرت کی وہاں اپنی زبان و ادب' تہذیب' ثقافت اور فن کی آبیاری کی۔ بیرونی ممالک میں اُردو زبان و ادب کی درس و تدریس اور تحقیق وتنقید کا سلسلہ کم وبیش گزشتہ دو صدیوں پر پھیلا ہوا ہے جو اُردو زبان کی مقبولیت اور وسعت کا منہ بولتا ثبوت ہے حالانکہ اُردو دنیا میں بولی جانے والی دس بڑی زبانوں میں سے ایک زبان شمار کی جاتی ہے مگر آئندہ بھی اس کا بول بالا رہے اس کے لیے ضروری ہے کہ اس زبان کو نئی تبدیلیوں اور نئے تقاضوں سے ہم آہنگ کیا جائے۔

ابتداء ہی سے اُردو زبان نے ہر تغیر کو اپنایا اور کامیابی کی راہ پر گامزن رہی۔ چنانچہ جب برصغیر میں ٹائپ رائٹر کی آمد ہوئی تو تھوڑے عرصہ بعد ''اُردو زبان'' ٹائپ رائٹر سے لکھی جانے لگی۔ اور جب کمپیوٹر کا دور شروع ہوا تو اُردو داں نے کمپیوٹر کے ذریعہ کتابت کرنا شروع کردیا۔ کمپیوٹر سے اُردو زبان کو انٹرنیٹ پر شروع کرنے کے لیے کافی مشکلات درپیش تھیں۔ کیونکہ جب انٹرنیٹ پر اُردو کا آغاز کیا گیا تو اُردو تحریر کو تصویری شکل میں منتقل کر کے کام چلایا جاتا تھا جس میں کسی بھی ردو بدل کی گنجائش نہیں تھی۔ اس کے بعد یونیکوڈ نظام کو متعارف کیا گیا جس سے اب ہم انگریزی زبان کی طرح اُردو لکھ سکتے ہیں۔ وقت کے ساتھ ساتھ انٹرنیٹ پر اُردو زبان کو آسان سے آسان تر بنایا گیا جس کی وجہ سے آج بے شمار افراد ایک دوسرے کے ساتھ انٹرنیٹ پر اُردو زبان میں رابطہ قائم کئے ہوئے ہیں۔ انٹرنیٹ کی اس جدید ٹکنیک سے اُردو کو جس قدر فائدہ پہنچا ہے ہم اس کا اندازہ بھی نہیں کرسکتے۔

انٹرنیٹ نے اُردو زبان و ادب کے دائرہ کو کافی وسیع کردیا۔ انٹرنیٹ ایک غیر معمولی ایجاد ہے اس نے روابط کو اتنا آسان بنادیا ہے کہ پوری دنیا سمٹ کر ایک عالمی گاؤں (Global Village) کی شکل اختیار کرچکی ہے۔ اب ہر کوئی جہاں کہیں بھی ہو اپنی سہولت کے لحاظ سے انٹرنیٹ کے ذریعہ دیگر زبانوں کی طرح دنیا بھر کی معلومات ''اُردو زبان'' میں بھی حاصل کرسکتا ہے۔ انٹرنیٹ دنیا کے گوشے گوشے میں جال کی طرح پھیل کر اپنی موجودگی کا احساس دلا رہا ہے۔ انٹرنیٹ پر اُردو زبان کا آغاز کسی انقلاب سے کم نہیں ہے۔

انٹرنیٹ کے ذریعہ ہی اس بات کا پتہ چلتا ہے کہ بیرونی ممالک میں اُردو زبان و ادب کو کافی فروغ ہو رہا ہے۔ اُردو زبان اپنی شیرینی و شگفتگی اور دلاویزی کے سبب دنیا کے بیشتر ممالک میں بولی اور سمجھی جاتی ہے۔ آج ہم یہ کہہ سکتے ہیں کہ اردو ادب کے فروغ میں کسی ملک کی سرحدیں حائل نہیں ہوسکیں جہاں بھی اُردو ادب لکھا اور پڑھا جارہا ہے اور جہاں بھی ادب نواز دوست اور ادب کے ذوق وشوق رکھنے والے موجود

ہیں وہاں ادبی سرگرمیوں کی مہک گلشن میں پھولوں کی طرح قائم و دائم رہے گی۔ بیرون ممالک میں موجود اہل قلم کو ہم تین حصوں میں تقسیم کر سکتے ہیں۔ایک وہ جو ادب میں اپنی شناخت رکھتے ہیں اور ان ممالک میں آ کر مقیم ہو گئے اور دوسرے ایسے شعراء و ادباء ملتے ہیں جو یہاں قیام پذیر ہونے کے بعد ادبی میدان میں اپنا ایک اہم مقام بنایا ہے اور اپنے ادبی سفر کو جاری رکھا ہے۔اس کے علاوہ تیسری قسم ان ممالک کے ادبی ذوق و شوق اور دلچسپی رکھنے والے مقامی عوام کی ہے۔جنہوں نے اُردو زبان و ادب میں اعلی تعلیم حاصل کر کے اعلیٰ اسناد یعنی پی ایچ۔ڈی کی ڈگری بھی حاصل کی ہیں اور تدریس کے عہدوں پر فائز ہیں' ان ممالک میں موجود اُردو داں اپنی تحقیقی صلاحیتوں کی وجہ سے اُردو دنیا میں بلند مقام رکھتے ہیں۔انہوں نے اُردو ادب کے مشہور و معروف شعراء و ادباء پر قلم اٹھایا ہے۔اس طرح ان اہل قلم نے اپنے تنقیدی اور تحقیقی شعور کے ذریعہ بیرون ممالک میں اُردو ادب کے دامن کو وسیع کیا ہے۔انٹرنیٹ پر بے شمار شعراء و ادباء کی تخلیقات موجود ہے جس کا مطالعہ کر کے ان ممالک میں اُردو کی صورت حال اور اس کے موضوعات کا اندازہ ہی نہیں بلکہ وہاں اپنے ذوق کی تسکین بھی کی جاسکتی ہے۔یوروپ' امریکہ' افریقہ' آسٹریلیا 'مصر' ایران' تہران' پاکستان' اور عرب ممالک وغیرہ میں اُردو زبان و ادب کو انٹرنیٹ کے توسط سے کافی فروغ ہو رہا ہے۔ان ممالک میں انٹرنیٹ کے ذریعہ اُردو زبان کی بڑھتی ہوئی مقبولیت کو دیکھتے ہوئے کہا جاسکتا ہے کہ بیرون ممالک میں بھی اُردو زبان کا مستقبل روشن ہے۔مختلف ممالک میں اُردو زبان و ادب کی سرگرمیاں ملاحظہ فرمائیں۔

آسٹریلیا

آسٹریلیا کی انٹرنیٹ پر موجود ویب سائٹس کا مشاہدہ کرنے سے پتہ چلتا ہے کہ یہاں بے شمار شعراء و مصنفین' صحافی اور نقاد اپنی تخلیقات سے اُردو ادب میں گرانقدر اضافہ کر رہے ہیں۔آسٹریلیا میں تعلیمی سطح پر اُردو کو نصاب میں شامل کرنا اہم قدم تصور کیا جاسکتا ہے۔یہاں کی جامعات میں تحریری اور تقریری مقابلہ جات منعقد کئے جاتے ہیں۔اس طرح کے مقابلوں کا مقصد اُردو داں طبقے میں ادبی صلاحیت کو اجاگر کرنا ہوتا ہے۔اُردو زبان و ادب کو آسٹریلیا کے کونے کونے میں پھیلانے کے لیے صحافت کی سائٹس بھی نمایاں حصہ ادا کر رہی ہیں۔ان سائیٹس میں آسٹریلیا کی عام خبروں کے علاوہ اُردو زبان و ادب سے متعلق معلومات فراہم کی جارہی ہیں۔آسٹریلیا میں مرد حضرات کے مقابلے میں خواتین شاعرات کافی نظر آئیں ان میں قابل ذکر محترمہ نوشی گیلانی ہے۔جن کی ابھی تک پانچ کتابیں منظر عام پر آچکی ہے۔ایک اور معروف افسانہ نگار ڈاکٹر نکہت نسیم ہیں جو اپنے معیاری افسانوں' شاعری اور شگفتہ تحریریوں سے آسٹریلیا میں شہرت حاصل کر رہی ہیں۔ان کے علاوہ آسٹریلیا میں بے شمار اہل قلم موجود ہیں جن میں قابل ذکر' سعید خان' فریدہ لاکھانی' طارق مرزا' فاروق زیدی' یاسمین زیدی' شجاع عاطف' نسیم حیدر' مسز فرحت اقبال' ہماں مرزا وغیرہ شامل ہیں۔

کینڈا

کینڈا میں شعری اصناف میں غزل اور نظم پر اور نثری اصناف میں افسانہ نگاری پر زیادہ توجہ مرکوز کی گئی ہے۔ان کے افسانوں میں مغرب کی نئی زندگی کے پس منظر میں وطن سے جذباتی وابستگی کا اظہار ملتا ہے۔کینڈا میں مقیم افسانہ نگاروں میں قابل ذکر عبدوللہ جاوید' شہناز خانم 'رضیہ فصیح احمد' شکیلہ رفیق' جمیل عثمان' شیلا نقوی اور ممتاز حسین وغیرہ ہیں۔اس کے علاوہ یہاں مقیم شعراء میں حب الوطنی کا جذبہ زیادہ نظر آتا ہے۔کینڈا کے مشہور شعراء میں اشفاق حسین' ساقی فاروقی' پروین شیر' اسماء وارثی وغیرہ قابل ذکر ہیں۔جن کے کئی مجموعے منظر عام پر آچکے

ہیں۔کینڈا میں اُردو کے فروغ میں انجمنوں اور اکیڈمیوں کا قیام قابل تحسین اقدام ہے کینڈا کی ان انجمنوں کے ذریعہ انٹرنیٹ پر شعراء و اُدباء کو دنیا میں نہ صرف متعارف کرایا جاتا ہے بلکہ ان کی تخلیقات کو دنیا بھر میں پہچان بھی ملتی ہے۔

جاپان

جاپان کی کئی جامعات میں اُردو درس وتدریس کا انتظام موجود ہے۔یہاں موجود کئی اساتذہ نے اُردو ادب کی کئی کتابیں تحریر کر کے ادب میں گراں قدر اضافہ کیا ہے۔ابتداء میں جاپان میں طلبا و طالبات اُردو تعلیم حاصل کرنا چاہتے تھے مگر اُس دور میں اُردو زبان و ادب کی کتابیں میسر نہیں تھیں۔اس لیے وہاں کے مشہور و معروف جاپانی اُردو داں نے اُردو کی بنیادی کتابیں تحریر کیں۔ان کے موضوعات میں ابتدائی اُردو قواعد، مشہور و معروف شعراء و مصنفین جیسے منشی نول کشور، فیض احمد فیض، میراں جی، ن۔م راشد، اکبر الہ آبادی، غالب و اقبال وغیرہ کی حیات اور ادبی خدمات شامل تھے۔یہ کتابیں اب بھی جاپانی کی درس گاہوں کے نصاب میں موجود ہے۔جاپان کی سائٹس سے اس بات کا اندازہ ہوتا ہے کہ جاپان میں اُردو ادب کے بے شمار تراجم کئے گئے۔جاپان میں برصغیر کے مشہور و معروف شعراء و مصنفین کی کافی پذیرائی ہوتی ہے اور ان کی تخلیقات کا ترجمہ کر کے وہاں ان سے فیض حاصل کیا جاتا ہے۔یعنی جاپان میں اُردو زبان و ادب کے فروغ میں اہم کام انجام دیا جا رہا ہے۔

عرب

اُردو زبان و ادب دنیا بھر میں بالخصوص ہمسایہ ممالک جیسے عرب امارات میں تیزی سے فروغ پا رہی ہے۔عرب ممالک میں عربی زبان بولی جاتی ہے لیکن مختلف ممالک خاص طور پر ہندو و پاک سے روزگار کی تلاش کے سلسلے میں آنے والے افراد کی کافی تعداد آباد ہے ان کی مادری زبان اُردو ہونے کی وجہ سے عرب ممالک میں عربی کے ساتھ ساتھ اُردو عام بول چال کی زبان ہے۔اردو زبان کی طرح اردو ادب بھی عرب ممالک میں مقبول ہو چکا ہے۔یہاں شعری اور نثری اصناف کا سرمایہ وافر مقدار میں ملتا ہے۔ہر ماہ مشاعرے منعقد کئے جاتے ہیں نظم گو اور غزل گو شعراء اپنا کلام سنا کر اہل ذوق حضرات کی داد و تحسین حاصل کرتے ہیں۔اُردو ادب کی تاریخ کا حصہ بننے والے اہم شعراء و مصنفین میں زبیر فاروقی، سمیرا عزیز، عاقل الہ آبادی، رفیع رضوی، شیر علی، کاظم عباس شوق، وسیم احمد وسیم، عباس نقوی، سلامت نجمی، اظہار حیدر وغیرہ ہیں۔

عالمی سطح پر کئی ممالک کی سائٹس سے استفادہ کرنے کے بعد اس بات کا اندازہ ہوتا ہے کہ اُردو زبان کا مستقبل روشن ہے۔دنیا کے مختلف ممالک میں اُردو زبان سیکھی جاتی ہے، سکھائی جاتی ہے مختلف مدارس میں لازمی تو کہیں اختیاری طور پر انتخاب کرنا ہوتا ہے۔اعلی سطح پر جامعات میں اُردو زبان و ادب کے شعبہ جات موجود ہیں۔ہر ملک سے شعراء و مصنفین اپنی تخلیقات کے ذریعہ انٹرنیٹ کا حصہ بن رہے ہیں۔اہم ادیبوں کے مشہور تحریریں، صحافیوں کے کالم، شاعروں کا تازہ کلام، صوفیانہ تحریروں کے اقتباسات، آن لائن مشاعرے اور ادبی تقریبات کے دعوت نامے اور تمام تقریبات کی تفصیلات بھی انٹرنیٹ پر موجود ہیں۔ادبی ویب سائٹ، آن لائن رسالے اور کتب خانوں نے اُردو ادب کو دنیا کے گوشے گوشے میں پہنچا دیا ہے۔اب نہ دوریاں باقی رہیں اور نہ سرحدیں ہیں۔دنیا کے مختلف ممالک کے شعراء و ادباء داد و تحسین کے مستحق ہیں جو پردیس میں مقیم رہ کر اپنی مادر زبان کو نہ صرف یاد رکھے ہوئے ہیں بلکہ اس کی محبت میں اپنی بساط کے مطابق تخلیقی کام بھی کئے جا رہے ہیں ان سب کا جذبہ قابل قدر ہے۔

دور حاضر میں گوگل سرچ انجن اُردو فانٹس کے ساتھ یونیکوڈ سسٹم بھی مہیا ہے۔جو کہ اُردو زبان کے لیے ایک نایاب تحفہ ہے۔مزید خوشی کی

بات یہ ہے کہ کی بورڈ اور کی بورٹ لے آؤٹس بھی موجود ہیں۔انٹرنیٹ سے استفادہ کرنے کے لیے پہلے کمپیوٹر میسر تھا آج لیپ ٹاپ بھی قدیم ہونے لگا اوراس کی جگہ نوٹ بکس، ٹیب، اسمارٹ فونس نے لے لی ہے۔انٹرنیٹ پہلے کے مقابل کافی سستا ہو چکا ہے۔وائی فائی کے ذریعہ کسی بھی الکٹرانک گیجٹس پرانٹرنیٹ موجود ہے۔جس کا استعمال کرتے ہوئے دنیا کے کسی بھی کونے میں جہاں انٹرنیٹ کی سہولت موجود ہو وہاں مادری زبان ''اُردو'' میں بھی ربط پیدا کیا جاسکتا ہے۔اور مختلف اُردو سائٹس پر بے شمار شعراء وادباء موجود ہیں جو ادب کی کئی اصناف پر طبع آزمائی کرر ہے ہیں۔جب سے انٹرنیٹ پر اشاعت کا سلسلہ شروع ہوا ہے کئی قلم کاروں نے اپنی تخلیقات کو انٹرنیٹ پر فراہم کرنا شروع کردیا ہے۔جس سے اس بات کا اندازہ بھی ہوتا ہے کہ بعض جدید ترین تخلیقات جو انٹرنیٹ پر پیش کی جارہی ہیں انھیں ابھی ادبی نقطِ نظر سے پرکھنے کی ضرورت ہے۔الغرض عالمی سطح پر اُردو کا فروغ انٹرنیٹ کے ذریعہ تیزی سے ہورہا ہے ضرورت اس بات کی ہے کہ ہم ہمیشہ جدید ٹکنالوجی کا استعمال زیادہ سے زیادہ کریں تاکہ اُردو زبان وادب جدید ٹکنالوجی کے تقاضوں سے ہم آہنگ رہے۔

خواہش سے نہیں گرتے پھول جھولی میں
وقت کی شاخ کو میرے دوست ہلانا ہوگا
کچھ نہیں ہوگا اندھیروں کو برا کہنے سے
اپنے حصے کا دیا خود ہی جلانا ہوگا
(نامعلوم)

OOO

رینو بہل بحیثیت ناول نگار

آسیہ یاسمین

اردو کی خواتین ناول نگاروں میں رینو بہل کا نام بھی کافی اہمیت کا حامل ہے ۔ رینو بہل عصر حاضر کی ایک معروف ومقبول ادیبہ ہیں ۔ وہ افسانہ نگار، محقق، نقاد، مترجم کے ساتھ ناول نگار بھی ہیں ۔ معاصر فکشن نگار خواتین میں رینو بہل کی اپنی ایک شناخت رہی ہے ۔ رینو بہل اپنی بے لوث ادبی سرگرمیوں سے اردو ادب کو کافی کسب فیض بھی پہنچا رہی ہیں ۔

رینو بہل کا تعلق سرزمین پنجاب سے ہے ۔ مصنفہ اپنی تخلیقی و ادبی زندگی کا آغاز شاعری سے کی ہے، مگر جلد ہی شاعری سے رخ موڑ کر اپنا ناطہ نثر نگاری سے جوڑ لیا ۔ 'صبا' ان کا تخلص تھا اور ان کی پہلی کہانی جنوری 1996ء کو بعنوان ''پرچھائیاں'' ہند سماچار' جالندھر' میں 'رینو صبا' کے نام سے چھپی ۔ رینو بہل بحیثیت مصنف ادب کی بیشتر اصناف میں طبع آزمائی کی ہے ۔ ان کا ادبی سرمایہ کافی وسیع ہے ۔ مگر وہ فکشن میں افسانے اور ناول کو خاص ترجیح دیتی ہیں ۔ اب تک ان کے سات افسانوی مجموعے کے ساتھ تین ناول منظر عام پر آچکے ہیں ۔ جس کی زمانی ترتیب یہ ہے ۔

پہلا: گرد میں اَٹے چہرے (2016) دوسرا: میرے ہونے میں کیا برائی ہے (2017) اور تیسرا: نجات دہندہ (2019) ہے ۔ یہ الگ الگ موضوعات پر مبنی ناول ہیں ۔ تینوں ناول خواتین ناول نگاری کے باب میں قابل قدر اضافہ ہیں ۔ مصنفہ کا ہر ناول نئے مسائل وموضوع کا دریچہ کھولتا ہے ۔ افسانے کے ساتھ ناول نگاری پر بھی ان کی کافی مضبوط گرفت ہے ۔ اس حوالے سے عصر حاضر کے معروف فکشن رائٹر ''شموئل احمد'' رقمطراز ہیں :-

> ''رینو بہل نے اردو فکشن میں اپنی الگ پہچان بنائی ہے اور اپنے گہرے سماجی شعور کے لیے جانی جاتی ہیں ۔ زندگی کے ادنی واقعات بھی وہ اس طرح قصے میں پروتی ہیں کہ واقعات اہم ہو جاتے ہیں اور دل کو چھو لینے والی تخلیق جنم لیتی ہے''

(ناول، گرد میں اَٹے چہرے، 2016، رینو بہل، مضمون ابتداء، بادہ ساغر کہے بغیر، از شموئل احمد، ص 7)

رینو بہل ایک شگفتہ مزاج، سنجیدہ شعور اور شائستہ طبعیت کی حامل ناول نگار ہیں ۔ وہ معاشرے کے ہر ان مسائل کو موضوع بناتی ہیں جو جاذب کے ساتھ پر کشش اور تحیر خیز بھی ہوتے ہیں ۔ ''گرد میں اَٹے چہرے'' ان کی ناول نگاری کی پہلی کاوش ہے جس کی اشاعت سن 2016ء میں ایجوکیشنل پبلشنگ ہاؤس، دہلی سے ہوئی ۔ یہ ناول جملہ 335 صفحات پر مشتمل ہے ۔ مصنفہ نے اس ناول میں سماج ومعاشرے کے ایسے روز مرہ مسائل کو موضوع بنایا ہے جن میں سماج ومعاشرے کے اکثر و بیشتر لوگ ملوث ہیں ۔ مصنفہ نے اس ناول میں محبت اور عزت نفس کی طرف روشنی ڈالنے کی سعی کی ہے ۔ ناول میں ایک ماں کی بے وفائی کے باعث پورے اہل خانہ کی تباہی کا نقشہ کھینچا گیا ہے ۔ رشتے کی پائیداری، مرد وعورت کا حسین امتزاج اور والدین کی قربت ومحبت کا باہمی اشتراک اور فطری توازن کا ہونا بے حد ضروری ہے ۔ اس نازک رشتے میں تھوڑی سی بھی بے توجہی اور بے راہ روی علیحدگی کی دیوار حائل کر سکتی ہے ۔ رشتے کی اس تشنگی اور خامی کو رینو بہل نے الفاظ کا جامہ پہنا کر ناول کی لڑی میں پرویا ہے ۔ یہ ناول انہی ارضی حقائق کی کھلی کتاب ہے ۔ فکری سطح پہ دیکھا جائے تو یہ ناول کوئی نئے یا نایاب موضوع پر مشتمل تو نہیں ہے، لیکن مصنفہ

نے اسے اپنے گہرے فکر و شعور اور کردار کی مدد سے عصر حاضر سے ہم آہنگ اور مربوط کر دیا ہے۔ جس سے ناول میں ایک نئی جان اور انفرادیت پیدا ہوئی۔

ناول کی کہانی ایک تعلیم یافتہ اور عزت دار گھرانے کے گرد طواف کرتی ہے۔ اس کا مرکزی کردار 'سنینا سرین' ایک لڑکی ہے جو کہ پیشے سے ایک وکیل ہے۔ اس کے والد 'گریش سرین' بھی ایک ریٹائرڈ آفیسر ہوتے ہیں۔ پورا گھرانہ نہ صرف تعلیم جیسے زیور سے مالا مال ہے، بلکہ عزت و شرافت بھی ان لوگوں کی رگ رگ میں پیوست ہے جسے وہ لوگ دولت، شہرت سے زیادہ تحفظ و امان میں رکھنے کی کوشش کرتے ہیں۔ مگر اس کی بے وفا ماں (شبنم) فرضی اور عارضی محبت کے دھوکے میں آکر اپنے پاک رشتے سے تعمیر کردہ اہل خانہ کی زندگی کو ہی درہم برہم کر دیتی ہے۔ اس ناول سے متعلق ناول کی ابتداء میں شموئل احمد لکھتے ہیں کہ:

> ''رینو بہل کا ناول گرد میں اَٹے چہرے اس قول کی تفسیر ہے۔ ناول کی ہیروئن سنینا محبت کی ماری ہوئی ہے۔ نتیجہ یہ ہے کہ اس کی سوچ بدل چکی ہے۔ اس کے لیے یقین، اعتماد، بھروسہ، وفا یہ سب فریب ہیں۔ یہ ٹوٹنے کے لیے ہی بنتے ہیں، لیکن وہ اس بات پر یقین رکھتی ہے کہ کچھ رشتے آخری سانس تک چھوٹ کر بھی نہیں چھوٹتے چاہے نفرت کے ہوں یا محبت کے۔ پھر بھی وہ عام شکست خوردہ عورت کی طرح مرد کی جارحیت کا رونا نہیں روتی۔ وہ اپنے درد کے ساتھ جیتی ہے اور دوسروں کے درد کا مداوا بھی کرتی ہے۔ اس نے وکالت کا پیشہ اختیار کیا ہے اور معاشرے کی ستائی ہوئی عورتوں کا مقدمہ لڑتی ہے''

(گرد میں اَٹے چہرے، رینو بہل، ابتدائیہ مضمون، بادہ ساغر کہے بغیر، از شموئل احمد، 2016، ص 7)

مذکورہ بالا اقتباس کی روشنی میں یہ بات اور بھی زیادہ واضح ہو جاتی ہے کہ مصنفہ نے کردار سے نہ صرف ناول کو پر کشش بنایا ہے، بلکہ ناول کو عصری تناظر سے جوڑ کر ایک نئی جان ڈالی ہے۔ واقعی بعض رشتے ایسے ہوتے ہیں جو ٹوٹ کر بھی نہیں ٹوٹتے ہیں۔ اس میں پہلا رشتہ ازدواج اور دوسرا اولاد کا رشتہ۔ مصنفہ نے ان دونوں رشتوں کی اہمیت اور قدر کو ناول میں اجاگر کرنے کی پوری کوشش کی ہے۔ شبنم اپنے شوہر اور اولاد کے ساتھ بے وفائی کرتی ہے، لیکن اس کے باوجود گریش سرین اپنی اولاد کے مستقبل کی خاطر اپنی وکیل بیٹی کے تحت اسے باعزت بری کروا دیتے ہیں۔ مگر اسے دوبارہ قبول نہیں کرتے ہیں۔ کیونکہ اس نے رشتے سے زیادہ قیمتی شئے کو ٹھیس پہنچایا تھا۔ ایک ضرب المثل ہے کہ ''دھوبی کا کتا نہ گھر کا نہ گھاٹ کا''۔ یہ مثال شبنم کے کردار پر بھی کھری ثابت ہوتی ہے۔ کیونکہ ناول میں شبنم کا حال بھی یہی ہوتا ہے۔ وہ معاف تو کر دی جاتی ہے، لیکن اسے دوبارہ وہ پر لطف اور اطمینان بخش زندگی نصیب نہیں ہوتی ہے۔ اس ناول کے ایک سال بعد ہی مصنفہ نے ایک اور ناول اردو ادب کی خدمت میں پیش کیا۔

مصنفہ کا دوسرا ناول ''میرے ہونے میں کیا برائی ہے'' سن 2017ء میں اشاعت پذیر ہوا۔ ایک کے بعد ایک اور ایک سے بڑھ کر ایک ناول ان کے منظر عام پر آنے لگے۔ گرچہ مصنفہ کا پہلا ناول عام روایتی مسائل سے قریب تر ہے جسے مصنفہ نے منفرد اسلوب اختیار کر کے موجودہ دور سے مربوط کیا ہے، لیکن وہیں ان کا دوسرا ناول بالکل ہی ایک منفرد نوعیت پر مبنی ناول ہے۔ مصنفہ نے اس ناول کا موضوع کسی خاص ذات، طبقہ، فرقہ، مذہب اور مسلک سے نہیں بلکہ خاص نسل سے اخذ کیا ہے۔ میرے علم میں شاید پہلی دفعہ اس موضوع پر خامہ فرسائی کی گئی ہے۔ وہ بھی ایک خاتون قلم کار کے زیر قلم۔ پہلے ناول کے مقابلے میں یہ ان کا ایک مختصر سا ناول ہے۔ جس میں مصنفہ نے اشرف المخلوقات کی ایک قسم ''خواجہ

سرا'' یا ''ہیجڑا'' کو موضوع بحث بنایا ہے۔اس نسل سے وابستہ افراد کو سماج و معاشرے کے لوگ بدعقیدگی اور تنگ نظری سے دیکھتے ہیں۔حالانکہ یہ بھی خالق کائنات کی ہی تخلیق کردہ مخلوق ہے۔مگر سماج و معاشرے کے ساتھ افراد خانہ بھی اسے حقارت بھری نظروں سے دیکھتے ہیں۔یہاں تک کہ اسے دیکھنا کیا پاس رکھنا بھی گوارہ نہیں کرتے ہیں۔حالانکہ اس میں نہ ہی اس کا اور نہ ہی اس کے والدین کا کوئی قصور ہے۔یہ تو قدرت کا کرشمہ ہے اور پوری قدرت کا انحصار اور اختیار صرف اور صرف اس ذات واحد میں موجود ہے۔وہ جسے چاہے کسی بھی روپ میں ڈھال سکتی ہے۔

مصنفہ کے اس ناول کا عنوان ہی معاشرے کے تلخ حقائق پر مبنی ہے جو قاری کو اپنی طرف کھینچتا ہے۔مصنفہ نے پورے ناول میں نسل ہیجڑا (Transgender) کی روداد کو بہت ہی پر درد انداز میں پیش کیا ہے۔پورا ناول اس نسل خاص کے حالات و کیفیات ،نشست و برخاست اور طرز معاشرت سے مزین و آراستہ ہے۔اس کا مرکزی کردار شیکھر نامی ایک لڑکا ہے جو ظاہری طور پر تو مردانہ صورت کا ہے،لیکن باطنی صفت اس کی نسوانی ہے۔اس دوہری صفت کے باعث وہ کافی تذبذب اور کشمکش میں مبتلا ہو جاتا ہے اور پھر اس نسل سے متعلق سوال قائم کرتا ہے۔سوال ہی ناول کا عنوان ہوتا ہے اور عنوان مصنفہ کا نقطۂ نگاہ اور پورے ناول کا خلاصہ ہے۔مرکزی کردار کی زبانی ناول کی کہانی کا ایک اقتباس ملاحظہ ہے:۔

''بیس سال تک جسے وہ گھر کا بڑا بیٹا کہتے رہے اب اسے بیٹی مان لینا ان کے لیے آسان نہیں
۔اور بیٹی بھی کیسی ،آدھی آدھوری جس کا جسم تو مرد کا ہے مگر روح عورت کی''۔
یہ ناانصافی تو اوپر والے نے کی ہے۔ہماری تو کوئی خطا نہیں۔پھر سزا ہمیں کیوں ملے؟''
(ناول،میرے ہونے میں کیا برائی ہے،رینو بہل،2017ء،ص15)

دراصل مصنفہ کا یہ ناول ایک ہیجڑے کی نفسیات پر مبنی ہے۔جس کو مصنفہ نے بہت باریکی سے بیان کیا ہے۔اس کے علاوہ معاشرے میں ہیجڑوں کی زندگی کو دکھانے کی کوشش کی ہے۔مصنفہ نے اس ناول کے ذریعہ Transgender کے مسائل کو دور کرنے اور اس جون سے وابستہ کاموں سے الگ ہو کر کوئی نئی راہ ڈھونڈ نکالنے کی طرف اشارہ کیا ہے۔سماج و معاشرہ ہی نہیں بلکہ اس نسل سے وابستہ لوگ بھی خود کو ان کاموں تک محدود و محصور کر دیتے ہیں۔جس کے ذمہ دار وہ خود بھی اتنا ہی ہے جتنا کہ سماج و معاشرہ۔

نسل خاص کے بعد مصنفہ نے اپنے تیسرے ناول میں خاص ذات کو موضوع بنایا ہے۔یہ ناول مختصر مدت کے وقفے کے بعد سال 2019ء میں منظر عام پر آیا۔جس کا عنوان ''نجات دہندہ'' ہے۔مصنفہ نے اس ناول کا موضوع سماج کے بالکل پست طبقے سے اخذ کیا ہے۔ناول سرزمین بنارس سے تعلق رکھنے والے دلت ،آدی واسی اور ڈوم قبیلے کی ہے۔مصنفہ کی کہانیوں کے موضوعات بیشتر حساس اور انسانی ضمیر کو جھنجھوڑنے والے ہوتے ہیں۔ان ہی حساس موضوعات میں سے ایک موضوع ڈوم قبیلے کا بھی ہے۔زیر بحث ناول کے متعلق ''اسلم جمشید پوری'' رقمطراز ہیں:۔

''دراصل رینو بہل نئے موضوعات پر قلم اٹھانا پسند کرتی ہیں۔'نجات دہندہ' بنارس کے ڈوم ذات
کی اندھیرے سے روشنی کی طرف سفر کی کہانی ہے''
(مشمولہ،ماہنامہ اردو دنیا،مارچ 2020،اسلم جمشید پوری،2019 کا فکشن ایک جائزہ،ص38)

''نجات دہندہ'' بنارس کی ڈوم ذات کی تاریکی سے روشنی کی طرف بڑھتی زندگی کی کہانی ہے۔ناول کا مرکزی کردار 'دیواکر' ہے۔جس کا تعلق ڈوم نسل سے ہے۔270 صفحات پر مشتمل ناول کی کہانی دیواکر اور اس کے اہل خانہ اور ڈوم ذات کے اطراف و اکناف گھومتی ہے۔در

اصل مصنفہ نے دیواکر کے اہل خانہ کو مرکز بنا کر ڈوم ذات کے حالات و کیفیات، سماجی حیثیت اور طرز معاشرت کو اجاگر کیا ہے۔ ناول ابتداء سے اختتام تک ذات پرستی اور اس ذات سے تعلق رکھنے والے سماجی باشندوں کے حالات و واقعات اور سماج میں درپیش مسائل اور ذات کی بنیاد پر انسانوں کی تفریق، نظریہ، خیال وغیرہ کا احاطہ کرتی ہے۔ ہر ملک اور قوم میں اعلی طبقے کے لوگ نچلے طبقے کے لوگوں کو انسان کے بجائے گندی نالیوں کا کیڑا سمجھتے ہیں۔ کیونکہ وہ اچھوت ذات سے جانے جاتے ہیں۔ اس ذات کے لوگوں کو غلاظت کا ڈھیر سمجھا جاتا ہے۔ مگر مصنفہ نے انقلابی کردار پیش کر کے مفاد پرست سماج، مطلب پرست معاشرہ اور تنگ نظر افراد کو بے نقاب کیا ہے اور ان تلخ حقائق کے پیش نظر بے شعور انسان کے نظریہ کو پیش کیا ہے کہ یہ کیسا اچھوت پن ہے جسے زندہ انسان میں دیکھنا گوارا نہیں کرتے مرجانے کے بعد اس کا آخری کریہ کرم اس ذات کے لوگوں سے ہی پورا کرواتے ہیں۔ دیواکر کا خاندان بھی انھیں کاموں سے جانا اور پہچانا جاتا ہے مگر دیواکر خود کو اس راہ سے الگ کر کے اعلی حصول تعلیم کے لیے پنجاب کا سفر طئے کرتا ہے تاکہ خود کے ساتھ اہل ذات کے مستقبل کو بھی روشن اور دلکش بنا سکے۔ اس مسئلہ کا کامیاب حل اس میں نظر آتا ہے کہ خود اچھوتوں سے احساس کمتری کے احساس کو کم کیا جائے اور سماج کے صحیح مقصد و مفہوم سے انھیں روشناس کرایا جائے اور ان کے لیے ترقی کی راہیں استوار کی جائیں۔ لہذا ناول کا مرکزی کردار دیواکر اس خاص رجحان کا علمبردار ہوتا ہے۔ اس نے اپنے مقصد کے حصول کے لیے ذاتی فکر و کوشش سے نہ صرف اہل خانہ کو بلکہ اچھوت ذات کو روشن مستقبل کی راہ دکھائی ہے۔ اس ذات کے لوگ اپنی دنیا کو محدود کر رہے تھے۔ شمشان گھاٹوں سے کنارہ کشی کرنا نہیں چاہتے تھے۔ تعلیمی میدان میں آگے نہیں بڑھتے تھے۔ وہ اس وجہ سے کہ پڑھ لکھ کر بھی یہ لوگ نوکری سے محروم رہتے ہیں۔ انھیں نوکری دینے سے بھی گریز کیا جاتا ہے۔ مگر دیواکر کا کردار ایک آئیڈیل بن کر سامنے آتا ہے۔ لہذا مصنفہ نے اس ذات، مسئلہ اور موضوع کے پس منظر میں تعلیم کی اہمیت و افادیت کو نمایاں کرنے کی کوشش کی ہے۔ ناول نگار کا اصل منشاء تعلیم ہے۔ جس کو انھوں نے اس ذات، طبقے اور نسل سے مربوط کر کے پیش کیا ہے اور بذریعہ مرکزی کردار یہ بتانے کی کوشش کی ہے کہ علم ایک ایسی دھار ہے جو ہر شئے کو کاٹ سکتی ہے اور انسانی ذہن کے فکری و نظری افتراقات کو بھی منہدم کر سکتی ہے۔

مصنفہ کی تحریریں چاہے وہ کسی بھی صنفی پیکر میں ڈھلی ہوں وہ حقیقی زندگی کی بامعنی کہانی ہوتی ہے۔ اس کے علاوہ زبان و بیان بھی بالکل سادہ، سلیس اور عام فہم ہوتی ہے۔ وہ فکر و فن دونوں کو اس طرح شیر و شکر کر کے پیش کرتی ہیں کہ قاری کو وہ کوئی فرضی اور تخیلاتی نہیں بلکہ فطری کہانی معلوم ہوتی ہے۔

الغرض مصنفہ کے تینوں ناول انھیں ایک الگ مقام و مرتبہ عطا کرتے ہیں۔ غور طلب بات یہ ہے کہ ان کے تینوں ناول منفرد موضوع سے آراستہ ہیں۔ جس سے ان کے پختہ سماجی شعور اور گہرے مشاہدے کا راست اندازہ ہوتا ہے۔ گرچہ مصنفہ ناول نگاری کے میدان میں قدرِ تاخیر سے قدم رکھی لیکن اس صنف میں بھی کارہائے نمایاں انجام دیں۔ سلسلہ وار اشاعت ان کے جہان ناول کو وسیع و بسیط بنا رہی ہے۔ سب سے اہم بات کہ ان ناولوں میں رینو بہل کا فن ناول نگاری بھی اپنے عروج پر نظر آتا ہے۔ رینو بہل اپنے فکر و فن کو لے کر کوتاہ نظر نہیں ہیں بلکہ وہ چہار سو پھیلے مسائل پر بھی گہری نظر رکھتی ہیں۔ تخلیق کار رینو بہل نے گرد میں اٹے چہرے، میرے ہونے میں کیا برائی ہے اور نجات دہندہ کے حوالے سے سماج کے ان ہی مسائل کو روبرو کرانے کی کوشش کی ہے جس کی مثالیں آئے دن ہمارے سماج میں دیکھنے کو مل رہی ہیں۔ رینو بہل کی تحریروں کے یہی گوناگوں اشکال اور موضوعات یقیناً انھیں ایک کامیاب ناول نگار کی صف میں لا کھڑا کرتے ہیں۔

OOO

علمی اور ادبی ترجمہ: افتراقات و مماثلات

سید انعام الرحمٰن

کسی ایک زبان میں موجود علمی، ادبی، صحافتی، مذہبی یا سائنسی متن کی کسی دوسری زبان میں منتقلی کے عمل کو ہم ترجمہ کہتے ہیں۔ ترجمہ عربی زبان کا لفظ ہے جو انگریزی زبان کے لفظ Translation کا متبادل ہے جس کے معنی ہیں ''پار لے جانا'' اس طرح یہ لفظ مفہوم کے اعتبار سے ''نقل مکانی'' سے لے کر ''نقل معانی'' تک کا احاطہ کرتا ہے۔ وکی پیڈیا پر لفظ ٹرانسلیشن کے درج ذیل معنی دیے گئے ہیں:

"Translation is the process of facilitating written communication from one language to another."

''ترجمہ وہ طرز رسائی ہے جو ایک زبان سے دوسری زبان میں تحریری ابلاغ کی سہولت فراہم کرتا ہے۔''

ایک اور تعریف کے مطابق:

"Translation is an activity comprising the interpretation of a text in one language the source text, and the production of new, equivalent text in another language called the target text or the translation."

''ترجمہ ایک زبان کے متن کہ جسے اصل متن کہا جاتا ہے، کے معانی کی ترجمانی کی حامل سرگرمی ہے اور ایک دوسری زبان میں ایک نئے متوازی متن کہ جسے ترجمے کا متن یا ترجمہ کہا جاتا ہے کی تشکیل ہے۔''

ترجمے کی مندرجہ بالا تعریفات پر ایک نظر ڈالنے سے جو نتائج سامنے آتے ہیں ان کے مطابق ترجمہ نگاری کا بنیادی وصف ایک زبان سے دوسری زبان میں مفہوم کی منتقلی ہے۔ ظاہر ہے کہ ہر تحریری متن کسی نہ کسی مفہوم کا حامل ہوگا۔ یہ ادبی بھی ہو سکتا ہے اور علمی و سائنسی بھی، تحریری مواد کی نوعیت جو بھی ہو مترجم کا کام ہے اس تحریری مواد کو ایک زبان سے دوسری زبان میں منتقل کر دینا۔ لیکن منتقلی کے اس عمل سے پہلے اس تحریری مواد کی مکمل تفہیم ضروری ہے، جس کا ترجمہ کیا جانا ہے کیونکہ اگر مترجم اس متن کو سمجھے گا ہی نہیں تو اس کا ترجمہ کیسے کرے گا۔ متن کی مکمل تفہیم کے بعد اگلا مرحلہ مناسب و موزوں الفاظ میں مفہوم کی منتقلی ہے۔ یہ منتقلی کم از کم تین طرح کے طریقہ کار کی متقاضی ہے۔ دراصل تحریری مواد کی نوعیت یا اس کے موضوع کی بناء پر ہم ترجمہ کے دوران مختلف طریقے اختیار کرتے ہیں، اگر متن کی نوعیت علمی ہے یعنی تحریری مواد موضوع کے اعتبار سے کسی سماجی، سائنسی، قانونی یا مذہبی علم پر مشتمل ہے تو مترجم کو ''لفظی ترجمہ'' کا طریق کار اپنانا ہوگا۔ اس طریقہ کار کے مطابق مترجم متن کے ہر لفظ کا ترجمہ کرتا ہے اور مفہوم کی منتقلی میں اس بات کا خاص خیال رکھتا ہے کہ وہ اصل متن سے ذرہ برابر بھی انحراف نہ کرے۔ لیکن اگر متن کی نوعیت صحافتی ہے یعنی تحریری مواد خبر، اعلان یا اطلاع ہو تو اس کی دوسری زبان میں منتقلی کے لیے مترجم ''آزاد ترجمہ'' کا طریقہ کار اپناتا ہے، کیونکہ

اس طرح کے مواد کی اہمیت و افادیت بہت کم وقفے کے لیے ہوتی ہے۔خبر اسی وقت تک خبر رہتی ہے جب تک وہ دوسروں تک نہ پہنچے، اس لیے مترجم کو اسے جلد ترجمہ کرنا ہوتا ہے۔اس کے پاس اتنا وقت نہیں ہوتا کہ وہ ایک ایک لفظ کے معنی و مفہوم پر غور کرے اور اس لفظ کا متبادل لفظ ترجمے کے دوران لے آئے، اس کے برعکس مترجم اس پورے متن کے مفہوم کو سمجھ لیتا ہے اور پھر اسے ہدفی یعنی اس زبان میں منتقل کر دیتا ہے جس میں وہ ترجمہ کررہا ہوتا ہے۔

علمی و صحافتی متن کے علاوہ متن کی ایک نوعیت ''ادبی متن'' کی بھی ہے۔اس طرح کے تحریری مواد کے ترجمے کے دوران مترجم کو مفہوم کے ساتھ ہی تاثر و کیفیت کو منتقل کرنے کی کوشش کرنی چاہیے کیونکہ ادبی متن ''کیا کہا گیا ہے'' سے زیادہ ''کیسے کہا گیا ہے'' کی بناء پر اہمیت کا حامل ہوتا ہے۔ یہ ادبی متن تشبیہات و استعارات، ردیف و قوافی، وزن و بحر، اور صنائع و بدائع سے مزین ہوتا ہے۔یہی عناصر باہم مل کر کسی بھی موضوع پر مشتمل متن میں ادبیت پیدا کرتے ہیں، اسے ایک منفرد اور موثر اسلوب عطا کرتے ہیں۔ظاہر ہے کہ متن کی یہ صورت جس دلکشی و رعنائی کی حامل ہوتی ہے اسے ترجمے کے ذریعے کسی دوسری زبان میں منتقل کرنا آسان کام نہیں ہے۔مترجم کو مفہوم کے ساتھ ہی اسلوب و طرز ادا کا خیال بھی رکھنا پڑتا ہے، وہ زبان کے محاوراتی نظام اور تہذیبی و ثقافتی پس منظر کو بھی دوران ترجمہ ذہن میں رکھتا ہے اسی لیے ترجمے کے اس طریقہ کار کو ہم ''محاوراتی یا تخلیقی ترجمہ'' کہتے ہیں۔

جہاں تک علمی ترجمے کے موضوعات کا تعلق ہے تو اس کے تحت تمام سماجی، سائنسی علوم و فنون پر مشتمل تحریری مواد آتا ہے جس میں تاریخ، جغرافیہ، معاشیات، سیاسیات، فلسفہ اور قانون جیسے سماجی علوم اور طبعیات، نباتات، کیمیا اور طب وغیرہ جیسے سائنسی علوم شامل ہیں۔طریق کار کے اعتبار سے علمی ترجمہ لفظی ترجمے کے زمرے میں آتا ہے۔اس کا ایک سبب یہ کہ علوم کے ترجمے کے دوران مخصوص و متعینہ اصطلاحات اور لفظیات کو استعمال کیا جاتا ہے۔ یہ مخصوص اصطلاحات و لفظیات اسی وقت وجود میں آتی ہیں جب علمی ترجمے کے دوران مترجم بنیادی زبان (Source Language) کی اصطلاحوں اور مخصوص الفاظ کے مترادفات کی تلاش کرتا ہے۔ظاہر ہے کہ علمی مواد میں زیادہ تعداد ایسے الفاظ کی ہوتی ہے جو یا تو بطور اصطلاح کے استعمال ہوتے ہیں یا پھر مذکورہ شعبہ علم کے تعلق سے کسی مخصوص معنی میں ان کا استعمال ہوتا ہے۔اس طرح مترجم کو علمی متن کے تقریباً ہر لفظ کے لغوی معانی کی تلاش کرنی پڑتی ہے، اسی لیے ترجمے کا یہ طریقہ کار خود بہ خود ''لفظی ترجمہ'' کی صورت اختیار کر لیتا ہے۔

علمی ترجمے کے برعکس ادب کا ترجمہ محض مفہوم کی منتقلی تک ہی محدود نہیں رہتا بلکہ مترجم کو کیفیت و تاثر کی منتقلی پر بھی توجہ دینی ہوتی ہے۔اس لیے علمی ترجمے کے مقابلے میں ادبی ترجمہ بڑی حد تک تخلیقیت کا حامل ہوتا ہے بطور خاص شعری ادب کا ترجمہ اپنے اندر کئی ایسے تخلیقی عناصر رکھتا ہے جو علمی یا صحافتی ترجمے میں نہیں پائے جاتے ہیں۔کہا تو یہ بھی جاتا ہے کہ ادبی ترجمہ ادبی تخلیقیت کی ایک قسم ہے جس میں ایک زبان میں تحریر کیے گئے مواد کی دوسری زبان میں بازتخلیق کی جاتی ہے۔دراصل تخلیقیت ہی وہ اہم عنصر ہے جو ادبی ترجمے کی بنیاد قرار دی جاسکتی ہے۔ دوسری طرح کے ترجموں میں ہم کسی زبان سے کوئی مفہوم اخذ کرتے ہیں اور اسے دوسری کسی زبان میں منتقل کر دیتے ہیں لیکن ادبی ترجمے میں صورت حال اس کے بالکل برعکس ہوتی ہے۔اس طرح کے ترجمے میں مفہوم کی حیثیت ثانوی ہوتی ہے اور تصور و خیال کی ترسیل کی جگہ تہذیبی سانچے اور تہذیبی فضا کی منتقلی پر زور دیا جاتا ہے۔ادبی ترجمہ ایک ایسا عمل ہے جس کے ذریعے ایک تہذیب و ثقافت دوسری تہذیب و ثقافت سے

اخذ واستفادہ کر کے ذہنی ووجدانی نشو ونما کا سامان مہیا کرتی ہے۔لیکن یہ کام اس قدر آسان نہیں جس قدر اسے آسان سمجھا جاتا ہے۔ادبی ترجمہ اور بطور خاص شعری متن کا منظوم ترجمہ اعلیٰ درجہ کی شعر فہمی، زبان اور اس کے تہذیبی وثقافتی پس منظر سے مکمل واقفیت کے بغیر کسی طرح ممکن نہیں ہوتا ہے۔ چونکہ یہ مضمون ادبی اور علمی ترجمے کے مماثلات وافتراقات سے متعلق ہے اس لیے ذیل میں ہم سب سے پہلے اس اہم نکتے کو سمجھنا ضروری ہے جو علمی وادبی دونوں طرح کے ترجموں کی پہلی شرط ہے یعنی متن کی تفہیم۔

علمی متن ایک واضح اور قطعی مفہوم کا حامل ہوتا ہے اس لیے اس کا صحیح اور درست ترجمہ اسی وقت ممکن ہے جب مترجم متن کی مکمل تفہیم کا حامل ہو جائے۔اب سوال یہ ہے کہ مکمل تفہیم کا یہ عمل کس طرح ممکن ہے اور مترجم اس مرحلے سے بہ حسن وخوبی کس طرح گزر سکتا ہے؟اس ضمن میں دو اصول مقرر کیے جاسکتے ہیں۔ پہلا اصول تو یہ ہے کہ مترجم جس زبان کے متن کا ترجمہ کرنا چاہتا ہے اس سے اس کی مکمل اور گہری واقفیت ہونی چاہیے یعنی اسے ہدفی زبان کے ایک ایک لفظ کا رمز شناس ہونا چاہیے۔ماہرین ترجمہ نے علمی ترجمے کے نقطۂ نظر درج ذیل اصول علمی متن کی تفہیم کے تعلق سے وضع کیے ہیں:

پہلا اصول یہ ہے کہ مترجم مصنف کے جملہ احوال وکوائف سے باخبر ہو۔ وہ مصنف کے فلسفہ حیات،اس کے نقطۂ نظر، علمی وتعلیمی پس منظر، نفسیاتی وجذباتی کیفیت اور مزاج وفکر سے پوری طرح واقف ہو۔ایسا اس لیے ضروری ہے کہ ہر شعبہ علم کا ماہر اپنے مضمون سے متعلق مواد کو اپنے فطری ومزاجی تقاضوں کے زیر اثر ضبط تحریر میں لے آتا ہے۔

دوسرا اصول یہ ہے کہ مترجم مصنف کے عہد وماحول سے بھی گہری واقفیت رکھتا ہو۔سائنسی علوم کے ترجمے میں ہوسکتا ہے کہ یہ اصول کار آمد نہ ثابت ہو لیکن سماجی یا مذہبی علوم کے ترجمے کے دوران اس کی بڑی اہمیت ہے کیونکہ کوئی بھی تصنیف خواہ وہ علمی ہو، مذہبی ہو یا پھر ادبی ہوا پنے عہد اور دور کے معاشی، معاشرتی، سیاسی، تعلیمی اور تہذیبی وتمدنی صورت حال سے بے نیاز وغیر متاثر نہیں ہوسکتی۔

تیسرا اصول یہ ہے کہ مترجم بنیادی زبان (Source Language) کی تاریخ اور اس کے عہد بہ عہد ارتقاء سے بھی پوری طرح واقف ہو۔ایسا اس لیے ضروری ہے کہ ہر لفظ کی اپنی ایک تاریخ ہوتی ہے۔اس کے علاوہ مختلف ادوار میں اس کا املا، تلفظ، معنی اور محل استعمال تبدیل ہوتا رہا ہے جس سے مترجم کی ناواقفیت مختلف ادوار سے تعلق رکھنے والے متون کی تفہیم کو ناممکن بنادے گی۔اس کے ساتھ ہی اسے بنیادی زبان کی قواعد، ساخت اور صوتیات سے بھی پوری طرح واقف ہونا چاہیے۔

علمی متن کی ہی طرح ادبی متن کے ترجمے کا پہلا مرحلہ متن کی تفہیم کا ہی ہے لیکن چونکہ ان دونوں متون کی نوعیت ایک دوسرے سے مختلف ہے اس لیے ادبی متن کی تفہیم کے تعلق سے جو طریقہ کار اختیار کیا جائے گا وہ علمی متن کی تفہیم کے عمل سے مختلف ہوگا۔ادبی ترجمے میں مترجم منتخب کردہ ادبی متن کے تہذیبی پس منظر، اسلوب وطرز ادا، مصنف کے تخلیقی مزاج نیز اس کی شخصیت سے مکمل آگہی، لہجے اور انداز بیان کی مکمل تفہیم کرتا ہے۔ادبی متن کی تفہیم کے دوران سب سے بڑی مشکل یہ پیش آتی ہے کہ ادبی فن پارہ معنوی اعتبار سے تہہ داری رکھتا ہے یعنی جزوی یا کلی طور پر ادبی متن مختلف شعری لہجوں کا حامل ہوتا ہے اور ہر لہجے سے مختلف معنی برآمد ہوتے ہیں لیکن ان کو راست طور پر بیان کردینے سے ان کی معنویت اور حسن ختم ہو جاتا ہے۔اس کے علاوہ شعری متن میں ابہام ایک اہم عنصر کی حیثیت رکھتا ہے یعنی بات تشبیہات واستعارات کے پردے میں اس طرح کہی جاتی ہے کہ بات کو سمجھنے یا اس کی تہہ تک پہنچنے کے لیے قاری کو الفاظ کے لغوی معانی سے صرف نظر کرتے ہوئے اس کے مجازی معانی کو

مراد لینا ہوتا ہے۔علمی یا ادبی متن کی تفہیم کے بعد ترجمے کا عمل شروع ہوتا ہے اور اب یہاں مترجم کی اصل صلاحیت کا امتحان ہوتا ہے۔اب اگر متن علمی ہے تو مترجم دوران ترجمہ درج ذیل امور کا خیال رکھے گا۔

علم کے تمام شعبوں میں خواہ وہ سائنسی علوم ہوں یا سماجی علوم ،مختلف مضامین اور تجربات نیز خیالات و افکار کو پیش کرنے کے لیے اصطلاحات کی ضرورت پڑتی ہے۔کسی علم یا فن سے متعلق لوگوں کے ذریعے کسی لفظ کو اس کے عام مفہوم کے علاوہ مخصوص معنوں میں استعمال کیے جانے پر اس کی حیثیت ایک اصطلاح کی ہو جاتی ہے۔یعنی ہر وہ مفرد یا مرکب لفظ اصطلاح ہے جو اپنے عام لغوی مفہوم کے علاوہ کسی مخصوص علم یا فن سے متعلق کسی صورت حال، تجربے، نظریے یا فکر کی وضاحت کے لیے اس مخصوص علم یا فن سے متعلق لوگوں کے ذریعے اجتماعی طور پر اختیار کر لیا جائے۔جہاں تک اس کا سوال ہے کہ اصطلاحات وضع کرنے کا طریقہ کار کیا ہونا چاہیے یعنی اصطلاح سازی کے عمومی اصول کیا ہوں؟ تو اس سلسلے میں سب سے اہم بات یہ ہے کہ اصطلاحات حتی الامکان مختصر اور جامع ہوں۔دوسری اہم بات یہ ہے کہ اصطلاح وضع کرتے وقت اس کا خیال رکھا جائے کہ جس مفہوم کو واضح کرنے کے لیے اسے وضع کیا گیا ہے اس کے پورے معانی و مطالب کو ظاہر کرنے کی صلاحیت اس میں پائی جاتی ہے یا نہیں۔تیسرا اہم اصول یہ ہونا چاہیے کہ اصطلاح عام طور پر مفرد ہو یعنی یک لفظی ہو۔اگر ایسا ممکن نہیں ہے اور مرکب اصطلاح وضع کرنے کے علاوہ کوئی چارہ نہیں تو اسے محض دولفظی ہی ہونا چاہیے۔مثال کے طور پر Tharma Meter کے لیے ''تپش پیا'' کا لفظ بطور اصطلاح انتہائی مناسب اور موزوں ہے۔اس کے برعکس اسی لفظ کے لیے ایک دوسری اصطلاح ''آلہ مقیاس الحرارت'' بھی وضع کی گئی جو مفہوم کے لحاظ سے مکمل ہونے کے باوجود سہ لفظی بھی ہے اور خالص عربی اصطلاح ہونے کے باعث اردو والوں کے لیے اس کا تلفظ بھی قدرے مشکل ہے۔

علمی ترجمے کا اگلا مرحلہ مترادفات کی تلاش و جستجو کا ہے۔ایک اچھا مترجم دوران ترجمہ ہمیشہ اس بات کی کوشش کرتا ہے کہ وہ کسی زبان کے جس تحریری متن کا دوسری زبان میں ترجمہ کر رہا ہے اس کے ہر لفظ کے بدلے ایک بہترین و مناسب متبادل لفظ استعمال کرے۔مناسب و موزوں مترادفات کی جستجو اور ان کا برمحل استعمال ہی ایک اچھے ترجمے کی ضمانت ہوتا ہے۔ظاہر ہے کہ یہ کام آسان نہیں ہے، اکثر و بیشتر ایسا ہوتا ہے کہ ہدفی زبان میں وہ لفظ ہمیں نہیں ملتا جو بنیادی زبان کے اس لفظ کی معنوی وسعت کا مکمل احاطہ کرتا ہو جس کے مترادف کی مترجم کو تلاش ہے۔سوال یہ ہے کہ ایسی صورت میں مترجم کو کیا طریقہ اختیار کرنا چاہیے؟اس سوال کے جواب میں دو باتیں کہی جاسکتی ہیں۔پہلی تو یہ کہ مترجم کو چاہیے کہ وہ ہدفی زبان سے لسانی و تہذیبی قربت رکھنے والی کسی بھی زبان سے ایسا لفظ لے لے جو اس معنوی وسعت کا حامل ہو جس کا اوپر ذکر کیا گیا ہے۔دوسری بات یہ ہے کہ بنیادی زبان کے اس لفظ کو ہی ترجمے میں من عن استعمال کر لے۔

علمی ترجمہ کی آخری منزل بنیادی متن کے مفہوم کا ابلاغ ہے جو ہدفی زبان کے قاری کو ترجمہ پڑھنے کے بعد ہونا چاہیے۔اگر ترجمہ پڑھ کر قاری کو بنیادی زبان میں موجود متن کے مفہوم کا ہدفی زبان میں مکمل ابلاغ نہیں ہو سکا تو اس کا مطلب ہے کہ ترجمہ کامیاب نہیں ہے۔ترجمے میں مفہوم کا مکمل اور موثر ابلاغ کس طرح ممکن ہو سکتا ہے اس کے لیے سب سے پہلے مترجم کو اس بات کا خیال رکھنا ہوگا کہ اگر وہ ایک طرف بنیادی زبان کے لسانی مزاج اور اسلوب اظہار کی جھلکیاں قاری کو دکھائے تو دوسری جانب یہ بھی اس کا فرض ہے کہ وہ ہدفی زبان کے لسانی و تہذیبی مزاج و معیار کا بھی خاص خیال رکھے۔کیونکہ اگر ترجمے میں مترجم نے محض مفہوم کو ایک زبان سے دوسری زبان میں منتقل کر دینے تک ہی دلچسپی دکھائی تو

ترجمہ کامیاب نہیں ہوگا۔

ادبی متن سے مکمل آگہی وہ مرحلہ ہے جس کی توقع ایک اچھے اور کامیاب مترجم سے کی جاتی ہے، خاص طور پر جب وہ شعروادب کا ترجمہ کرر ہا ہو۔ سب سے پہلے مترجم کو چاہئے کہ وہ ادبی متن کو اپنے شعور و وجدان کا حصہ بنائے، اس عمل کے لیے یہ ضروری ہے کہ مترجم اس ادب پارے سے ذوق و مزاج کی سطح پر ایک فطری مناسبت ضرور رکھتا ہو کیونکہ وہ اسی وقت اس میں ڈوب کر معنوی سطح پر اس کے ابلاغ کو ممکن بنائے گا جب وہ خود اس فن پارے سے مزاجی مناسبت رکھتا ہوگا۔

ادبی ترجمے کے یہ وہ مسائل ہیں جن کی نوعیت ادبی ترجمہ نگاری کے ضمن میں عمومی حیثیت رکھتی ہے۔ اب ان مسائل کو بھی دیکھنا ضروری ہے جو افسانوی ادب کے ترجمے کے دوران خاص طور پر پیش آتے ہیں۔ داستان، ناول یا افسانہ طوالت و تفصیل کے حامل ہوتے ہیں اس لیے ان کی تہذیبی فضا زیادہ صراحت و وضاحت رکھتی ہے۔ تہذیبی و ثقافتی عناصر کی یہ تفصیل مترجم کے لیے نئے مسائل پیدا کرتی ہے، اس کے لیے یہ لازمی ہو جاتا ہے کہ وہ بنیادی اور ہدفی دونوں زبانوں کے تہذیبی و ثقافتی پس منظر سے گہری واقفیت رکھتا ہو، لیکن یہ کوئی آسان کام نہیں ہے کیونکہ یہ تمام عناصر ادب پارے کو ایک مخصوص مزاج و کیفیت عطا کرتے ہیں جسے ترجمے کی زبان میں منتقل کرنا آسان کام نہیں ہے۔

افسانوی ادب کے ترجمے کے سلسلے میں تو مترجم کی مشکلیں اور بھی بڑھ جاتی ہیں خصوصاً جب داستانوں یا انشائیوں کے ترجمے کا مرحلہ درپیش ہو۔ اگر آپ ان داستانوں کو بغور پڑھیں تو آپ کو یہ احساس ہوگا کہ ان کے موضوعات سے زیادہ دلچسپی ہمیں ان کے طرز بیان واسلوب اظہار سے ہے۔ آج اگر ہم ''فسانہ عجائب'' جیسی کتابیں پڑھتے ہیں تو صرف ان کے دلکش و دلچسپ نیز اثر آفریں طرز بیان واسلوب اظہار کی وجہ سے ہی پڑھتے ہیں۔ اب اس طرح کی مرصع عبارت کا ترجمہ اگر کسی طرح دیانت دارانہ طور پر مترجم کر بھی لے تو سوال یہ پیدا ہوگا کہ ہدفی زبان کی تہذیب کیا اس کو قبول کرے گی کیونکہ ہدفی زبان ایک الگ اور مختلف تہذیب کی حامل ہوگی ۔ ہوسکتا ہے کہ ابلاغ کے نقطۂ نظر سے یہ ترجمہ ناکامیاب قرار دیا جائے۔

شاعری کا اسلوب رمزیت وایمائیت سے مزین ہوتا ہے۔ شعری اسلوب راست نہ ہو کر علامتی واستعاراتی ہوتا ہے۔ چونکہ شاعری میں بات مختصراً کہی جاتی ہے اس لیے اسے مکمل و موثر بنانے کے لیے تشبیہات و استعارات کا سہارا لیا جاتا ہے جس سے شاعری میں اثر آفرینی کا پیدا ہونا لازمی ہے اور یہی کیفیت و تاثر شاعری کا وصف خاص ہے۔ اب اگر شاعری کے ترجمے کی بات کی جائے تو اس کا بنیادی وصف بھی اسی کیفیت و تاثر کو ہونا چاہیے۔ خاص طور پر اگر شاعری کے منظوم ترجمے کی بات کی جائے تو یہ اور بھی ضروری ہو جاتا ہے۔

یہاں پر ایک سوال یہ پیدا ہوتا ہے کہ شاعری کے نثری ترجمے سے کیا مراد ہے اور شاعری کا منظوم ترجمہ کسے کہتے ہیں۔ شاعری کے نثری ترجمے سے مراد ایسا ترجمہ ہے جس میں کسی بھی شعری متن کا ترجمہ دوسری کسی زبان کی نثر میں کر دیا جاتا ہے اس طرح شاعری کا مفہوم تو منتقل ہو جاتا ہے لیکن وہ تاثر و کیفیت جو شاعری کا خاصہ ہے، اس کی منتقلی نہیں ہو پاتی ۔ جہاں تک شاعری کے منظوم ترجمے کا سوال ہے تو اس سے ایک زبان کی شاعری کا کسی دوسری زبان کی شاعری میں ترجمہ اس طرح کیا جاتا ہے کہ وہ کیفیت و تاثر بھی کسی نہ کسی حد تک منتقل ہو جائے جو کسی بھی زبان کی شاعری کی روح قرار دیا جاتا ہے۔ اس مجموعی تاثر و کیفیت کو ایک زبان کی شاعری سے دوسری زبان میں شعری عمل کے ساتھ منتقل کرنا آسان کام نہیں ہے۔ اگر منتقلی کا یہ عمل کامیابی سے ہم کنار ہو جائے تو بلاشبہ اسے ''بازتخلیقی عمل'' قرار دیا جائے گا۔

شاعری کے مترجمین کے لیے اصل زبان اور ترجمہ کی زبان کی عدم مماثلتوں اور شعری ہیئتوں کا فرق بھی مسائل پیدا کرتا ہے۔فطری طور پر ہر زبان کی شعری ساختیں مختلف ہوتی ہیں۔اس کے علاوہ اشعار کے مترجم کو حقیقی معنی اور شاعرانہ معنی (مجازی معنی) کے امتیاز سے بھی واقفیت ہونی چاہیے۔مترجم کا فرض معنی یا مفہوم کی ترسیل کی حد تک محدود نہیں ہے یعنی اسے ترجمہ کی گئی زبان کے قاری کو اس مفہوم سے واقف کرانا چاہیے جس کا حوالہ شاعر نے دیا ہے۔یہ بھی اس کے فرض میں شامل ہے کہ ترجمہ میں اصل زبان کا تاثر (مفہوم) پیدا کرے۔

علمی اور ادبی ترجمے کے یہ وہ مماثلات وافتراقات ہیں جن سے واقفیت ہر مترجم کے لیے ضروری ہے۔ترجمہ علمی ہو یا ادبی دونوں صورتوں میں مترجم جب تک متن کے مفہوم کو اس کے تمام تر سیاق کے ساتھ نہیں سمجھے گا تب تک صحیح ترجمہ نہیں کر سکتا۔ایک اچھے ترجمے کے لیے بنیادی واصل اور ہدفی دونوں زبانوں پر مترجم کی اچھی گرفت ہونی چاہئے۔اس قدر محنت کے باوجود بھی اکثر و بیشتر مترجم کے حصے میں ستائش کی جگہ شکایت ہی آتی ہے شاید اسی لیے ترجمے کے عمل کو سعی نامشکور قرار دیا جاتا ہے۔بہر حال ان سب کے باوجود ترجمہ ہی وہ واحد ذریعہ ہے جو کسی بھی زبان میں موجود سرمایۂ علم کو دوسری زبان میں منتقل کر سکتا ہے۔

ooo

سید محمد اشرف کی لکڑ بگھا سیریز: علامتی افسانے کی شاہکار کہانیاں

عطاء الرحمن شیخ فضل الرحمن

افسانے کی تاریخ میں سید محمد اشرف ایک اہم نام ہے۔ ان کی شخصیت کے کئی پہلو ہیں لیکن ان کا سب سے نمایاں پہلو افسانہ نگاری ہے۔ اب تک ان کے دو افسانوی مجموعے منظرِ عام پر آچکے ہیں اور انھیں ادبی حلقوں میں انہیں کافی سراہا گیا ہے۔ ''ڈار سے بچھڑے'' 1994ء میں شائع ہوا جب کہ ''بادِ صبا کا انتظار'' 2000ء میں شائع ہوا۔ ''بادِ صبا کا انتظار'' پر سید محمد اشرف کو ساہتیہ اکادمی ایوارڈ سے بھی نوازا گیا ہے۔ سید محمد اشرف کا اندازِ بیان استعاراتی اور علامتی ہے۔ وہ اپنی بات استعاروں، تشبیہوں اور علامتوں کے در پردہ کہتے ہیں۔ اُردو کے علامتی افسانے کو جن فنکاروں نے آبرو بخشی اور تب و تاب عطا کی ان میں سید محمد اشرف کا نام سرفہرست ہے۔ سید محمد اشرف کی افسانوی کائنات میں انسان کا مکروہ چہرہ بہت واضح نظر آتا ہے۔ انھوں نے انسان کے درون میں موجود حیوانی صفات بیان کرنے کے لیے جانوروں کا سہارا لیا۔ سید محمد اشرف نے کبھی لکڑ بگھا کو ہنسایا، کبھی رلایا اور پھر چپ کرایا۔ لکڑ بگھے کی ان تینوں کیفیات میں انسان کی مکاری، عیاری اور خود غرضی کو علامتی و تمثیلی طور پر استعارہ بنا کر پیش کیا۔ درحقیقت یہ محض جنگلی جانور نہیں بلکہ انھوں نے ان کو علامت بنا کر انسان کی ذہنی و معاشرتی حیوانیت کو بے نقاب کیا ہے۔ لکڑ بگھا سیریز کی کہانیاں اس کی بہترین مثالیں ہیں، جس کا تنقیدی، تجزیاتی اور تحقیقی مطالعہ ذیل میں پیش کیا جائے گا۔

(1) پہلا افسانہ: لکڑ بگھا ہنسا

''لکڑ بگھا ہنسا'' ایک علامتی افسانہ ہے۔ اس افسانے کے تار و پود امی، پاپا، بڑی اپّی، چھوٹی اپّی، منو بھیا اور لکڑ بھگا کے اردگرد بُنے گئے ہیں۔ ریلوے لائن کے قریب دیہات میں ایک لکڑ بگھا گذشتہ دس پندرہ دنوں سے کہرام مچا رہا ہے۔ دیہات میں مشہور ہوگیا ہے کہ لکڑ بگھا چھوٹے بچوں کا شکار کرتا ہے اور بچوں کا گوشت بڑے شوق سے کھاتا ہے اس لیے والدین فکر مند تھے اور ہر ممکن احتیاطی تدابیر اختیار کر رہے تھے، دروازوں کی کنڈیوں اور کھڑکیوں کی سٹکنیوں کو بند کرنے کے بعد بھی ان کا بار بار معائنہ کیا جاتا۔ پڑوس میں آواز دے کر ہوشیار رہنے کی تلقین کی جاتی۔ لوگوں نے شام کے بعد گھر سے باہر نکلنا بند کر دیا تھا اور سوتے وقت کرکٹ کا بلّا اور ماچس کی ڈبیہ تکیے کے نیچے چھپا کر رکھتے تھے۔ اس قدر تدبیروں پر عمل پیرا ہونے کے باوجود ہر دوسرے تیسرے دن کسی نہ کسی واردات کی خبر ضرور آتی تھی۔

گیارہ بارہ برس کے منو بھیا لکڑ بگھا کو دیکھنے کا مشتاق تھا۔ اسے لکڑ بگھا کی جسامت کا صحیح اندازہ نہیں تھا، دوستوں نے بتایا تھا کہ لکڑ بگھا دیوار کے برابر اونچا ہوتا ہے تبھی تو دیوار پھلانگ کر بچوں کو اٹھا کر لے جاتا ہے۔ اس غلط فہمی کو دور کرنے کے لیے امی نے منو بھیّا سے وعدہ بھی کر لیا تھا کہ وہ لکڑ بگھا دکھانے کے لیے اسے لکھنؤ کے چڑیا گھر لے جائے گی۔ امی اور پاپا نے اسے بتایا کہ لکڑ بگھا کتے کے برابر ایک وحشی جانور ہوتا ہے۔ سید محمد اشرف نے لکڑ بگھا کے خدوخال کو امی کی زبانی اس انداز میں بیان کیا ہے کہ پڑھنے والے پر از خود خوف طاری ہو جاتا ہے۔ افسانے کے مختلف اقتباسات ملاحظہ فرمائیں:

> (1) ''منّو بھیّا! یہ جو لکڑ بگھا.........سن رہے ہو تم ؟ یہ جو لکڑ بگھا ہوتا ہے نا.........یہ کتے جیسا ایک جانور ہوتا ہے لیکن کتوں کے درمیان کھڑا کر دو تو آسانی سے پہچان لوگے۔ یہ بہت

حاسد اور خوں خوار جانور ہوتا ہے بیٹا..........لیکن بہادر بالکل نہیں ہوتا۔''

(2)''یہ ہمیشہ سادہ دل اور معصوم بچوں پر ہی حملہ کرتا ہے۔ مکاری سے پیچھا کرتا ہے۔ آہٹ ہونے پر پیچھے مڑ کر دیکھو تو لگے جیسے کوئی وفادار کتا چلا آرہا ہو۔ سر جھکائے آہستہ آہستہ..........لیکن جیسے ہی موقع آتا ہے تو ذرا نگاہ بچی اور..........اور یہ اوپر لپکا۔''

(3)''بیٹا! تمھیں اتنی تفصیل سے اس لیے بتا رہی ہوں کہ یہ لکڑ بگھا جو ہوتا ہے نا یہ شیر کی طرح بہادر تو ہوتا نہیں کہ سامنے سے حملہ کرے۔ نہایت کمینہ جانور ہوتا ہے۔ ہمیشہ پیچھے سے لپٹ پڑتا ہے۔ یہ جانتا ہے کہ لوگ اسے کتا سمجھیں گے اسی لیے دھوکے ہی دھوکے میں بالکل قریب پہنچ جاتا ہے اور چپ چاپ موقع کا انتظار کرتا ہے بس ذرا آنکھ بچی..........بس ذرا آنکھ بچی..........اور..........اور..........۔''

(4)''بس ایک پہچان ہوتی ہے۔ جب یہ چلتا ہے تو چٹ چٹ کی آوازیں آتی ہیں۔ لیکن لوگ باگ (عام لوگ) یہ آوازیں اپنی چال کے شور میں سن نہیں پاتے۔ اس لیے ضروری ہے کہ راستے میں جب تم دیکھو کہ کوئی چیز تمہارے پیچھے چپ چاپ لگی ہے اور کتے کی طرح معصوم اور وفادار بنی پیچھے چلی آرہی ہے تو اس وقت..........رک کر غور سے سنو کہ اس کے پیروں سے چٹ چٹ کی آوازیں تو نہیں آرہی ہیں۔ لیکن منو بیٹے لوگ خود اپنی چال کے شور میں یہ آوازیں سن ہی نہیں پاتے..........اور..........۔''

وفادار بنا ہوا مکار، موقع کی تاک میں رہنا، قریب آکر جھپٹ پڑنا، حاسد، چالاک، دغاباز، کبھی سامنے سے حملہ نہیں کرنا وغیرہ سب لکڑ بگھے کی خصلتیں ہیں مگر موجودہ زمانے میں یہ تمام خصلتیں اب انسانی سرشت میں شامل ہو چکی ہے۔ سید محمد اشرف نے لکڑ بگھا کی عادتوں کے ذریعے انسانی چہرہ سے پردہ اُٹھایا ہے۔ جب سے سید محمد اشرف کے کرداروں نے لکڑ بگھا کی خصلتوں سے واقفیت حاصل کی ہے انھیں خود کے پیروں سے چٹ چٹ کی آواز کا ادراک ہو رہا ہے جو کہ لکڑ بگھے کی امتیازی شناخت ہے۔ بظاہر افراد خاندان ایک دوسرے کا اعتماد حاصل کیے ہوئے ہیں مگر اپنے باطن میں ہر فرد ''لکڑ بگھا پن'' محسوس کرتے ہوئے اپنی چال سے ہراساں ہے۔ یہاں ہر شخص اپنی دنیا میں گم ہے، باتیں تو ایک دوسرے سے ملی ملائی ہیں مگر عمل کے اعتبار سے معمولی خوشیاں اور فوائد آڑے آکر ایک دوسرے کو فریب دینے پر مجبور کر رہے ہیں۔ ایک فرد کو دوسرے فرد پر چپ چاپ حملہ کرنے کے لیے اُکسا رہے ہیں۔ یہ جنگل کی وحشی فطرت ہے کیوں کہ افراد کی چالوں میں لکڑ بگھا سرایت کر گیا ہے۔

بھائی جان کے دوست اختر بھائی کو جب بھائی جان نے یہ مشورہ دیا کہ تم اگر یہ کام شروع کر دو تو تمہارا بہت فائدہ ہے، میں اس سلسلے میں تمہارا بھر پور ساتھ دوں گا۔ آخر دوست ہی دوست کے کام آتا ہے۔ تب چھوٹی اپی کو محسوس ہوا کہ بھائی جان کی آنکھیں بہت وحشی ہو گئی تھیں اور ان کی باچھوں سے نکیلے دانت باہر نکل پڑے تھے۔ جب اختر بھائی رخصت ہو گئے اور بھائی جان گھر میں واپس آنے لگے تو چھوٹی اپی کو اختر بھائی کے پیروں سے چٹ چٹ کی آواز محسوس ہوئی:

''اور پھر صبح جب پاپا سب سے پہلے سو کر اُٹھے تو ایک عجیب سی بات ہوئی، انھیں ایسا لگا جیسے

ان کی ٹانگوں سے چٹ چٹ کی آوازیں آرہی ہیں۔ وہ ٹھٹھک کر کھڑے ہو گئے چلنے تو وہی آواز پھر سنائی دی۔ رک کر انھوں نے امی کی طرف دیکھا جو کھڑی ہوئی اپنے پیروں کی طرف دیکھ رہی تھیں۔ ''کیا تمھیں بھی......''؟۔ پاپا کے منہ سے بس اتنا ہی نکلا۔ ''ہاں......'' ۔امی نے ان کی طرف دیکھ کر روہانسی آواز میں جواب دیا۔ پاپا نے انھیں بہت غور سے دیکھا اور وہ دونوں ایک دوسرے کو دیر تک دیکھتے رہے۔ تھوڑی دیر بعد بڑی اپّی نے سہمے سہمے لہجے میں آکر بتایا کہ انھیں اپنی ٹانگوں سے چٹ چٹ کی آوازیں سنائی دے رہی ہیں۔''

(لکڑ بگھا ہنسا، ڈار سے بچھڑے، ص 42-41، ناشر: تخلیق کار پبلیشرز، نئی دہلی 1994ء)

کمرے میں بیٹھے تمام کرداروں کو اس بات کا احساس ہو جاتا ہے کہ کھڑکی کے باہر بھی ایک جنگل ہے اور کھڑکیوں کے اندر بھی ایک جنگل ہے۔ سب سوچتے رہے اور اپنی اپنی زندگی پڑھتے رہے اور سب ایک دوسرے سے خود کو چھپا رہے تھے جیسے انسان نہ ہو کوئی بھید ہو۔ منّو بھیّا کو اپنے پیروں میں چٹ چٹ کی آواز اس لیے محسوس نہیں ہوتی کہ ابھی وہ معصوم ہے۔ چالبازیوں، منافقانہ کردار، چاپلوسیوں اور مکاریوں سے ابھی اس کا واسطہ نہیں پڑا ہے۔ منّو بھیّا کے لیے پاپا دعا کرتے ہیں کہ منّو بھیّا اور اس کے ساتھیوں کی ٹانگوں سے کبھی چٹ چٹ کی آوازیں نہ آئیں۔

انسانوں کا شکار کرنے والے جانور لکڑ بگھا کو تو پکڑ لیا گیا تھا مگر انسان نما لکڑ بگھے اب بھی آزاد تھے، اس لیے مکان کے قریب سے گذرتے ہوئے لکڑ بگھا ایک لمحے کے لیے رُکتا ہے اور ہنس کر آگے بڑھ جاتا ہے۔ یہاں علامت کی سطح انفرادی مرکز سے پھیل کر اجتماعی سیاست تک پہنچ گئی ہے۔ یعنی سارا معاشرہ جنگل کے قانون کی گرفت میں ہے۔ لکڑ بگھا کی ہنسی طنزیہ ہنسی ہے جو اس بات کی جانب اشارہ کرتی ہے کہ انسانوں نے ایک لکڑ بگھا کو گرفتار تو کر لیا مگر لاکھوں انسان نما لکڑ بگھے اب بھی چل پھر رہے ہیں جن کے خطروں سے ہر کوئی نابلد ہے مگر وہ بھی اتنے ہی خونخوار، موقع پرست، چہرہ تبدیل کرنے والے ہیں جتنا کہ لکڑ بگھا۔ یہ افسانہ تہذیبی شکست و ریخت، استحصال اور فرد کے منافقانہ رویوں کو بے لاگ اور حقیقت پسندانہ انداز میں نمایاں کرتا ہے۔

(2) دوسرا افسانہ: لکڑ بگھا رویا

افسانہ ''لکڑ بگھا رویا'' سید محمد اشرف کے افسانے ''لکڑ بگھا ہنسا'' کی دوسری قسط معلوم ہوتی ہے، اس لیے کہ اس افسانے کا آغاز وہیں سے ہوا ہے جہاں پر مذکورہ افسانے کا اختتام۔ دونوں افسانوں کا پلاٹ آپس میں مربوط ضرور ہے مگر دونوں افسانے انفرادی طور پر اپنے آپ میں کامل و مکمل ہیں۔ سید محمد اشرف کا یہ افسانہ ''لکڑ بگھا رویا'' بھی علامتی نوعیت کا ہے۔ اس افسانے میں دو کہانیاں متوازی چل رہی ہیں۔ پہلی کہانی میں گاؤں والے خونی لکڑ بگھا کو پکڑ کر مارنے کے لیے آبادی سے باہر لے جا رہے ہیں۔ لکڑ بگھا اپنے آپ کو بچانے کے لیے زنجیر کھینچ کر پولس کپتان کے بنگلے کے بغل میں موجود گیہوں کے کھیت میں گھس جاتا ہے۔ بنگلے کی دیوار کافی بلند ہے جسے لکڑ بگھا بمشکل ہی پھلانگ سکتا ہے۔ پولس کپتان بھیڑ کو سمجھاتا ہے کہ بنگلے کی دیوار کے ایک جانب لاٹھی بردار افراد ایک ایک گز کی دوری پر کھڑے ہو جائیں، دوسری طرف سپاہی سے کہتا ہے کہ لکڑ بگھا دیکھتے ہی فائر کر دیں۔

دوسری کہانی میں تھانہ کنچن گڑھی کا تھانے دار ایک ملزم ''شام سندر'' کو پکڑ کر پولس کپتان کے بنگلے پر جعلی انکاؤنٹر کے لیے لے کر آیا

ہے۔شام سندر کو مروانے کے لیے کنچن گڑھی کا پردھان تھانے دار کو پانچ ہزار روپے دے چکا ہے۔ کنچن گڑھی کے تھانے دار نے ایم ایل اے شری رام دھر سے تین لوگوں کے قتل کے دس ہزار روپے نقد لے لیے ہے جن کے قتل کے الزام میں شام سندر کو پکڑ کر لایا گیا ہے، جب کہ تینوں افراد ابھی زندہ ہیں۔ پولس کپتان شام سندر کو مارنے کی بجائے گرفتار کرنے کے لیے کہتا ہے مگر تھانے دار اُسے بتاتا ہے کہ ملزم کل ہی ضمانت پر رہا ہو جائے گا اور پرسوں سے ڈکیتی کرنا شروع کر دے گا۔ پولس کپتان سمجھ جاتا ہے کہ تھانے دار مکمل پلاننگ کے ساتھ آیا ہے، اگر ملزم کو ابھی چھوڑ دیا گیا تو تھانے دار کل تینوں اشخاص کو قتل کر دے گا جن کے قتل کے الزام میں ملزم کو لایا گیا ہے اور پھر چار و ناچار شام سندر ہی قصوروار ٹھہرے گا، اس طرح تھانے دار کا منصوبہ کام کر جائے گا اور کسی ویران علاقے میں میرا تبادلہ کر دیا جائے گا، جہاں نہ بنگلہ ہوگا اور نہ ہی غلہ اُگانے کے لیے کھیت کھلیان۔ تھانے دار کی مکمل منصوبہ بندی اور چھوٹے علاقے میں پوسٹنگ کے خوف سے پولس کپتان فرضی انکاؤنٹر کے لیے رضامند ہو جاتا ہے۔شام سندر کے انکاؤنٹر کے لیے ہیڈ کانسٹبل رام اوتار کو بلایا جاتا ہے جو اس سے پہلے بھی پانچ بار انکاؤنٹر کر چکا ہے۔ تھانے دار نے جوتے، دیسی کٹے اور ایک فرضی کہانی کا انتظام کر رکھا تھا۔

دونوں کہانیوں میں ایک ساتھ فائرنگ ہوتی ہے، ایک طرف شام سندر فرضی انکاؤنٹر میں دم توڑ دیتا ہے دوسری طرف لکڑ بگھا چھلانگ لگا کر دیوار پھلانگ جاتا ہے مگر دیوار کی دوسری جانب موجود لاٹھی بردار لوگ اسے تڑ پاتڑ پا کر مار دیتے ہیں۔سید محمد اشرف نے یہ بتانے کی کوشش کی ہے کہ لکڑ بگھا جس کی فطرت میں شکار کرنا ہے مگر انسان کو اپنے مفاد کی خاطر حیوان بننے میں دیر نہیں لگتی۔ کپتان پولس بھی اس انکاؤنٹر سے خوش نہیں تھا مگر تھانے دار نے ایسی صورت حال بنا دی تھی کہ بحالت مجبوری کپتان کی رضامندی اس میں شامل ہو گئی تھی۔شام سندر کے انکاؤنٹر کا افسوس صرف کپتان پولس کو ہی نہیں بلکہ خود لکڑ بگھا کو بھی تھا۔اس باطنی کیفیت کا اظہار سید محمد اشرف یوں کرتے ہیں:

> ''سامنے تھانے دار کنچن گڑھی، دیوان جی رام اوتار اور دونوں سپاہی اٹینشن کھڑے تھے۔''
>
> ''رام اوتار۔''انھوں نے بہت تھکی ہوئی آواز میں پوچھا۔
>
> ''کیا مرتے دم وہ رو رہا تھا؟''
>
> ''ہاں سرکار۔'' وہ رو رہا تھا۔ مرتے مرتے رو رہا تھا۔ گاؤں والے کہہ رہے تھے کہ جنگلی جانوروں کو انھوں نے کبھی روتے نہیں دیکھا، میں نے خود اپنی آنکھوں سے دیکھا سرکار، وہ مر رہا تھا، اس کا سینہ زور زور سے ہل رہا تھا اور آنکھوں سے آنسوؤں کی دھار بے آواز بہہ رہی تھی۔''
>
> کپتان پولس کرسی سے اُٹھے، میز پر چڑھے اور چاروں ہاتھوں پیروں سے میز پر کھڑے ہو کر چھت کی طرف گردن اُٹھا کر زور زور سے رونے لگے۔''
>
> (لکڑ بگھا رویا، ڈار سے بچھڑے، ص75، ناشر: تخلیق کار پبلیشرز، نئی دہلی 1994ء)

سید محمد اشرف نے لکڑ بگھا کے رونے کو بطور استعارہ استعمال کیا ہے۔ رونا مصیبت، تکلیف اور آفت کی علامت ہے۔ یہاں لکڑ بگھے کا رونا اس کی مصیبت اور شام سندر کی بے بسی کو ظاہر کرتا ہے۔ اسی کے ساتھ رونا اس بات کو بھی ظاہر کرتا ہے کہ لکڑ بگھا جانور ہے جسے آسانی سے پہچان کر ختم کیا جا سکتا ہے مگر انسان نما لکڑ بگھوں کو پہچاننے کی کون سی علامتیں ہیں؟ جانوروں کو ان کی خصلتوں کی بدولت مار دیا جائے گا مگر درندہ

صفت انسانوں کو کیسے ختم کریں گے؟ سید محمد اشرف کا یہ افسانہ جانوروں کی خصلتوں کے پردے میں انسانی درندگی کو پیش کرتا ہے۔

(3) تیسرا افسانہ: لکڑ بگھا چپ ہوگیا

کہانی ٹرین سے شروع ہوتی ہے جس میں بھانت بھانت کے لوگ ہوتے ہیں۔ بزرگ اور تجربہ کار نانا، چھوٹا سا مستقبل کا ذمہ دار شہری، اسکارف والی ننھی بچی اور ٹرین روبری کا جھوٹا قصہ سناتی اسکارف والی بچی کی ماں اور اوپر کی برتھ پر بیٹھا بڑی مونچھوں والا مرد جو اپنی منفی رائے دینے میں ماہر ہے، اس کے علاوہ دیگر سامعین جیسا عام طور پر سماج میں ہوتا ہے۔ مسئلہ ٹرین رُکی ہونے کا ہے، ہر شخص وجہ جاننا چاہتا ہے لیکن کوئی محنت نہیں کرنا چاہتا۔ یہاں نانا کی تجربہ کاری کام آتی ہے باہر تیز بارش ہونے کے باوجود وہ کھڑکی کھول کر دیکھتے ہیں تو لال سگنل دیکھائی دیتا ہے جو یہ بتاتا ہے کہ ٹرین کو ضرور تاًروکا گیا ہے۔ بجلی چمکتی ہے اور پاس کے گھر کی بتیاں جلتی ہیں تو ٹیبل پر ایک لکڑ بھگا دیکھائی دیتا ہے جس کا منھ ایک تنکے کے سہارے کھلا رکھا گیا ہے جس کی وجہ سے وہ کبھی ہنستا اور کبھی روتا دیکھائی دیتا ہے۔

لکڑ بھگا عام طور پر خوف کی علامت ہوتا ہے اور اکثر گاؤں کے آس پاس آجاتا ہے کبھی مویشی کبھی چھوٹے بچے کو اٹھا کر لے جاتا ہے جس گاؤں میں لکڑ بھگے کی آمد کی اطلاع ملتی ہے اس گاؤں کے لوگ رات بھر خوف سے سو نہیں پاتے۔ ٹرین ایک گاؤں ہی میں تو رُکی ہے اور لوگ مردہ لکڑ بھگے سے خوف زدہ ہیں۔ اچانک ایک شخص پریشانی کے عالم میں کھڑکی پیٹتا ہے، دروازہ کھول کر اندر آنے کی گذارش کرتا ہے لیکن سارے مسافر اس مجبور شخص سے ڈر جاتے ہیں اور لاشعوری طور پر وہ لکڑ بھگے کی طرح خوف کی علامت بن جاتا ہے۔ اس کی مجبوری یہ ہے کہ وہ اپنے بھائی کے لیے خون لے کر جا رہا ہے لیکن خوف کے مارے کوئی دروازہ نہیں کھول رہا، کوئی اسے چور سمجھ رہا ہے اور اسکارف والی لڑکی کی ماں ٹرین رابری (ڈکیتی) کی فرضی کہانی سنانے لگتی ہے، نانا بھی کشمکش میں مبتلا ہیں اور مونچھوں والا سفاکی سے دروازہ کھولنے سے منع کرتا ہے۔ یہاں سید محمد اشرف نے ہمارے سماج کی سفاکیت پیش کی ہے کہ کس طرح ایک مجبور آدمی کی مدد کرنے کو کوئی تیار نہیں، چاہے اس کا بھائی خون نہ ملنے پر مر ہی کیوں نہ جائے۔ چھوٹا سا بچہ شروع سے اس کی مدد کرنا چاہتا ہے کہ ابھی اس کا ذہن پراگندہ نہیں ہوا ہے، وہ اسکارف والی ننھی لڑکی کو بار بار دیکھتا ہے کہ شاید وہ اس کی مدد کرے لیکن وہ بھی چپ ہے، جب وہ اپنی چھوٹی بہن کو بسکٹ کھلاتے ہوئے کچھ بسکٹ اپنے فراک میں چھپا لیتی ہے تو وہ اس ننھے بچے کی نظر میں گر جاتی ہے لڑکی اس لڑکے سے بڑی ہے اس لیے اس میں دنیاداری در آئی ہے۔

ٹرین سے لٹکا آدمی جو ڈر کا استعارہ بنا ہوا ہے، وہ بار بار بتا رہا ہے کہ اگر وہ خون لے کر نہیں گیا تو اس کا بھائی مر جائے گا، ادھر سگنل کے ہرے ہونے کی بات کرتا ہے، پھر بھی سب خاموش ہیں، لیکن اچانک وہ معصوم بچہ کھڑا ہو کر اعلان کرتا ہے کہ اگر یہ خون لے کر نہیں پہنچا تو اس کا بھائی مر جائے گا اور ہم سب اس گناہ کے ذمہ دار ہوں گے۔ نانا نیم رضامند ہو کر مونچھوں والے کو تاکتا ہے جس کے آنکھوں کے انگارے ماند پڑ گئے تھے، پھر بچہ ہمت کر کے اس لٹکے آدمی کو اندر لے آتا ہے اور اسے جتاتا ہے کہ دروازہ اس نے کھولا ہے۔ اب جب وہ اندر آجاتا ہے تو سارا ڈر اور خوف ختم ہو جاتا ہے۔

سید محمد اشرف کہانی یہاں ختم کر سکتے تھے لیکن ابھی سماج کی سفاکی کا ایک رُخ دکھانا باقی تھا۔ آنے والا شخص اب نانا کی جگہ بیٹھا ہے اور قدرے مطمئن بھی، پھر اچانک ایک اور شخص اس سے گذارش کرتا ہے کہ اس کے بھائی کا ایکسیڈنٹ ہو گیا ہے وہ اسپتال میں بھرتی ہے، کون جانے مر ہی جائے، اسے بھائی کو دیکھنے جانا ضروری ہے۔ اُمید تو یہی تھی کہ خون لے کر آنے والا شخص خود بڑھ کر دروازہ کھولے گا کہ وہ بھی اپنے بھائی کو بچانے جا رہا ہے لیکن وہ کھڑکی کا شیشہ گراتا ہے اور سکون سے بیٹھا رہتا ہے جیسے کچھ ہوا ہی نہ ہو۔ بچہ جو نانا کی کمر پکڑ کر گومگو میں مبتلا تھا، نیلی قمیص

والے کو دیکھتا ہے جس کی آنکھیں چھوٹی ہو گئیں تھیں اور جبڑے آپس میں بھنچ گئے تھے اور ادھر وہ اسکارف والی لڑکی ماں سے کہتی ہے:

''امی امی دیکھو لکڑ بھگا اب نہ ہنس رہا ہے نہ رو رہا ہے لکڑ بھگا چپ ہو گیا امی''

سید محمد اشرف نے بے رحم سماج کا نقشہ کھینچ دیا کہ کس طرح اپنی ضرورت نکل جانے کے بعد آدمی بے حسی کی چادر اوڑھ لیتا ہے، اس کے بھائی کے مرنے جینے کا سوال ہے لیکن وہ مدد نہیں کرتا۔ ایسی سفا کی دیکھ کر خوف کا سیمبول بنا لکڑ بھگا بھی حیرت زدہ ہو کر چپ ہو جاتا ہے کیوں کہ اسے معلوم ہے کہ وہ اپنی بھوک مٹانے کے لیے سماج کے مویشی یا بچے کا شکار کرتا ہے لیکن انسان اس سے بھی بڑا اسفاک اور ظالم ہے جو بغیر کسی وجہ کے اپنے بھائی کی مدد نہیں کرتا۔ پورے سماج میں صرف وہ بچہ ہے جس کے ذہن میں ابھی زہر نہیں گھلا ہے اس لیے وہی سارے بزرگوں پہ بھاری پڑتا ہے۔

سید محمد اشرف نے ''لکڑ بگھا چپ ہو گیا'' میں اخلاقی آلودگی، انسانیت سوز رویّے اور خود غرضی و بے حسی کا ایسا منظر پیش کیا ہے جسے دیکھ کر انسان تو انسان لکڑ بگھے پر بھی سکتے کی کیفیت طاری ہو جاتی ہے۔ یہاں پر ایک نکتہ قابل ذکر ہے کہ لکڑ بگھا سیریز کے افسانوں میں سید محمد اشرف نے مرکزی کردار بچوں کو بنایا ہے جو ابھی نوخیزی کی منزل میں ہیں، ان کے لیے دنیا اتنی ہی معصوم، پاکیزہ اور بے ریا ہے جیسے وہ خود ہیں۔ منو معصوم ہے اس لیے اس کے پاؤں کے نیچے سے چٹ چٹ کی آواز نہیں آتی اور ٹرین کا لڑکا بھی معصوم ہے جو معمولی بسکٹ کی چوری پر بھی دکھ محسوس کرتا ہے اور بارش میں بھیگتے ہوئے رحم کی بھیک مانگنے والے آدمی پر شک کی نگاہ ڈالنا اس کے لیے تعجب کا امر ہے کیوں کہ لڑکا شک وشبہے سے بلند ہے اس کے لیے انسانی دکھ درد کا ہر موقع، رحم چاہنے والا ہر شخص قابل رحم ہے۔ وہ مسافروں کی بے حسی پر ششدر ہے اور مونچھوں والے کے انداز گفتگو پر خون کے گھونٹ پی رہا ہے۔ یہ بچے افسانوں کے مرکزی کردار ہیں جو اپنی عمر اپنی معصومیت اور اپنے پاکیزہ زاویۂ نظر کے وسیلے سے انسان کو اس کے بھیانک روپ میں دیکھ سکتے ہیں اور یہی کردار دوسروں کے برخلاف کہانی کے مرکزی نکتے کو اس کی پوری شدت کے ساتھ محسوس کر سکتے ہیں کہ اخلاقی آلودگی اور انسانیت سوز حرکات سے سمجھوتہ کرتے رہنے والے بالغ نظر اور پختہ کار لوگ بھی اس شرف سے محروم ہو چکے ہیں۔ معصومیت اور تجربے کے تصادم پر مبنی یہ افسانے چوں کہ بنیادی طور پر سادگی، نیکی اور معصومیت کی نمائندگی کرتے ہیں اس لیے پورے معاشرے کے سامنے سوال قائم کرتے ہیں کہ کیا آنے والی نسلوں کی سادگی اور معصومیت کو ہم اپنی خود غرضی اور دنیاوی تجربات سے اسی طرح مجروح کرتے رہیں گے؟ کیا ہم اپنے بچوں کو لکڑ بگھا بننے کی طرف راغب نہیں کر رہے ہیں؟

''لکڑ بگھا ہنسا، لکڑ بگھا رویا اور لکڑ بگھا چپ ہو گیا'' دراصل انسانی سماج میں گھن کی طرح سمائے ہوئے لکڑ بگھے کی داستان ہے۔ آج ہر انسان کے اندر ایک مکار، عیار اور خود غرض لکڑ بگھا چھپا ہے۔ وفاداری کے پردے میں غداری۔ جب دیکھو تو وہ سب سے بڑا مخلص اور جوں ہی نظر ہٹی خون پینے پر آمادہ۔ ان افسانوں میں لکڑ بگھے کا ہنسنا، رونا اور چپ ہو جانا بطور استعارہ انسانی فطرت کی نقاب کشائی کرتا ہے۔ انسانوں سے نفرت اور دغا کرنے والا بھی انسانوں جیسا ہی دکھتا ہے۔ آج اکیسویں صدی میں ان افسانوں میں حقیقت کا رنگ اور بھی گہرا ہوتا نظر آ رہا ہے۔

ooo

عبدالصمد، کرونا اور کشکول

ڈاکٹر شہاب ظفر اعظمی

عبدالصمد کا شمار اس عہد کے ممتاز فکشن لکھنے والوں میں ہوتا ہے۔ وہ ناول اور افسانہ دونوں میں یکساں فنی مہارت رکھتے ہیں۔ ''دو گز زمین''، ''مہاتما''، ''خوابوں کا سویرا''، ''مہاساگر''، ''دھمک''، بکھرے اوراق، شکست کی آواز، اجالوں کی سیاہی اور جہاں تیرا ہے یا میرا اُن کے مشہور ناول ہیں جن میں ''دو گز زمین'' کو ۱۹۹۰ء میں ساہتیہ اکادمی انعام سے نوازا گیا۔ مہاتما تعلیم جیسے اہم اور نازک موضوع پر خوب صورت ناول ہونے کے باوجود بہت زیادہ شہرت حاصل نہ کر سکا۔ دو گز زمین، خوابوں کا سویرا، دھمک اور شکست کی آواز اپنے موضوع کے ساتھ ساتھ خوبصورت اسلوب کی وجہ سے موضوع بحث بنے رہے۔ یہ ناول چوں کہ باترسیل اسلوب نگارش اور طریق کار کے جملہ اوصاف لئے ہوئے ہیں اس لئے ہر لحاظ سے لائق مطالعہ ہیں۔ ان میں جہاں ناول کا جانا پہچانا دروبست موجود ہے وہاں امکانی جہتوں کے اشارے بھی سرگوشیانہ انداز میں محو تکلم ہیں۔ کردار، واقعہ، مکالمہ، تصویر کشی، غیر گنجلک بیانیہ، ان سب کی مدد سے عبدالصمد نے ایسے عصری مسائل اور انسانی صورت حال کے ایسے عصری تضادات کی تخلیقی تجسیم کرنے کی کوشش کی ہے جو عہد حاضر میں ہم سب کے لئے تشویش کا باعث بنتے جا رہے ہیں۔ ہندوستانی معاشرے میں بعض مسائل ایسے ہیں جن کا تعلق مختلف فرقوں کی یک جہتی یا باہمی کشمکش اور اقدار کے نروان اور بحران سے ہے۔ عبدالصمد نے اپنے ناولوں میں تہذیبی زوال اور اقدار کے بحران کا منظر نامہ پیش کیا ہے دو گز زمین، دھمک، اجالوں کی سیاہی میں ناگزیریت کے المناک احساس کے ساتھ اور خوابوں کا سویرا، بکھرے اوراق میں امکانی اشاروں کی زبان اختیار کر کے۔

''دو گز زمین'' (۱۹۸۸) کا آغاز تحریک خلافت سے ہوتا ہے اور اختتام قیام بنگلہ دیش پر، اس لئے ناول میں تقسیم وطن کے نتیجے میں تقسیم کنبہ کا کرب والم جا بجا جھلکتا ہے۔ عبدالصمد نے آزادی سے چند برس قبل سے لے کر تقریباً پچیس تیس برس بعد تک کی سیاست کا جیسا مربوط مسلسل اور موثر بیان ''دو گز زمین'' میں پیش کیا ہے وہ لاجواب ہے۔ کانگریس اور مسلم لیگ کی تلخ نوا سیاست، فرقہ وارانہ فسادات کے نتیجے میں ہندوؤں اور مسلمانوں کے ووٹ کا Polarisation اور اسکے نتائج، ملک کی آزادی اور اس کے بعد آزاد ہندوستان کے سیکولر لیڈروں کی بدمستی، نیشنلسٹ مسلمانوں کی ناقدری، زمینداری کا خاتمہ اور اس کے نتیجے میں مسلمانوں کی مالی بدحالی، سیاسی رہنماؤں کی مفاد پرست سیاست اور لوٹ کھسوٹ کے سبب روز افزوں بے روزگاری، اس کے سبب مسلمانوں کی مشرقی یا مغربی پاکستان کی طرف ہجرت، پھر بنگلہ دیش کا قیام اور قتل و غارت گری، ہندوستان میں ایمرجنسی کا نفاذ اور کانگریس کی شکست، پاکستان میں مہاجرین کی درگت اور تلاش رزق میں عرب ممالک کی طرف روانگی یہ وہ بنیادی موضوعات ہیں جو اس ناول کا تانا بانا تیار کرتے ہیں اور بالکل صاف ستھرے اور سچے طریقے سے اس طرح سامنے آتے ہیں کہ ان میں خیال آفرینی کا شبہ بھی نہیں ہوتا۔ یہ سارے احوال واقعات کی کڑیوں سے لپٹ کر بڑے فطری انداز میں پیش ہوئے ہیں جیسے از خود کوئی پودا نمو پذیر ہوتا ہے، پھر اس میں برگ و بار آتے ہیں اور پھر وہ ایک تناور درخت کی شکل اختیار کر لیتا ہے۔ عبدالصمد نے کمال فن کاری سے ایسے چھوٹے چھوٹے واقعات کو زیب داستان بنایا ہے جن کی حیثیت بعد میں ناگزیر بن کر ابھرتی ہے اور جو ناول کے بنیادی ڈھانچے کو مضبوط بناتے ہوئے اسے تکمیل تک پہنچاتے ہیں۔

ناول ''مہاتما'' موجودہ تعلیمی نظام کی بگڑتی ہوئی صورت حال کا احاطہ کرتا ہے۔ بہار میں اعلیٰ تعلیم اقتدار پرستوں اور تجارتی ذہن رکھنے والوں کے ہاتھ کا کھلونا بن گئی ہے، اس صورت حال کا ذمے دار کون ہے؟ سیاست داں، والدین یا خود اساتذہ؟ ناول اس تشویشناک صورت حال کا کوئی حل پیش نہیں کرتا بلکہ اسکی بھرپور ترجمانی کرتا ہے اور مسئلہ کی شدت کا احساس دلاتا ذہنوں پر ایک بڑا سوالیہ نشان ثبت کرتا ہے۔ ناول کا عنوان ''مہاتما'' بے ایمان ضمیر فروش، گھناؤنے کردار کے حامل اساتذہ کے لئے طنز کے طور پر استعمال کیا گیا ہے۔

''خوابوں کا سویرا' بہار کے شہر گیا کے ایک زمیندار کنبے کے عروج و زوال کی سرگذشت ہے۔ اس میں دو بھائیوں کی جوڑی ہے منالال اور پنالال۔ ان میں منالال سیکولر اور پنالال فرقہ پرست ہے۔ مصنف نے ناول میں سیاست اور خاص طور سے تقسیم ہند اور اس کے بعد کی سیاست کا بڑا گہرا اور تفصیلی جائزہ پیش کیا ہے۔ اس عہد کے نوجوانوں کی زندگی کے نشیب و فراز اور پیچیدگیاں، تعلیمی گراوٹ ملازمتوں میں رشوت خوری اور مذہبی فسادات اور مغربی و مشرقی تہذیبوں کا ٹکراؤ جیسی بہت ساری باتوں کو بھی ملا کر ناول کا تانا بانا تیار کیا گیا ہے۔

ناول ''مہاساگر'' کا موضوع موجودہ ہندوستان میں پنپنے والی وہ نفرت و عداوت ہے جس کی جڑیں ماضی میں پیوست ہیں۔ مصنف نے بڑی چابکدستی سے بڑھتی ہوئی فرقہ وارانہ ذہنیت اور نوجوان نسل کے دماغوں میں سرایت ہوتے ہوئے زہر کی تصویر کشی کی ہے۔ ناول میں سیکولر سوجھ بوجھ اور سلجھے ہوئے ذہن کے افراد بھی ہیں جن میں نوجوان رمیش کے علاوہ گزرتی ہوئی نسل کے ویاس جی، منشی اللہ دین اور پروفیسر یادو ہیں لیکن لمحۂ فکریہ یہ ہے کہ گزرتی ہوئی نسل کے افراد آخر کب تک رہیں گے؟........

''دھمک'' عبدالصمد کا قابل ذکر ناول ہے اور ان کے فن کا نیا نشان قائم کرنے کی صلاحیت رکھتا ہے۔ اس میں سیاسی بساط پر مہروں کی طرح رقص کرنے والے کرداروں کے ذریعہ ''بہار'' کے سیاسی کھیل، کرپشن اور شرمناک سرگرمیوں کے مختلف رنگوں کو کئی زاویوں سے پوری فن کاری کے ساتھ اجاگر کیا گیا ہے۔ ناول کا آغاز مرکزی کردار راجو کے انقلابی حوصلوں اور جوش میں نکلے اس کے بے ربط جملوں سے ہوتا ہے جو گاؤں کی سات دلت لڑکیوں کی اجتماعی عصمت دری پر انتقام کی آگ میں جل رہا ہے اور اسی تپش میں منتری کے چہرے پر کالکھ پوت دیتا ہے۔ یہیں سے سیاست کا کھیل شروع ہوتا ہے اور ایک جوشیلا انقلابی نوجوان سیاسی چالوں اور مہروں کا شکار ہو کر اس تالاب کی مچھلی بن جاتا ہے جہاں کا سارا پانی گندا ہے اور جس پر سیاسی مگرمچھوں کا قبضہ ہے۔ فنی اعتبار سے یہ ناول کئی خوبیوں کا مالک ہے۔ کردار نگاری، مکالمے، فکر و اظہار اور واقعات کا ربط و تسلسل ایسے کئی خصائص ہیں جو متوجہ کرتے ہیں۔ ایک بات اور اہم ہے کہ عبدالصمد کے تمام ناول ایک تخصیص لئے ہوئے پس منظر کے حامل ہوتے ہیں۔ تقسیم ہند، ترک وطن، فسادات، متوسط طبقہ کے معاملات و مسائل، ان کی معیشت، بدحالی، پسماندگی، تعلیمی پسماندگی، خود اعتمادی کا فقدان، عام مایوسی، خوف و ہراس اور جدوجہد سے پُر زندگی۔ مگر ''دھمک'' ان کے تمام ناولوں سے الگ ہے اور اس کا پس منظر سیاست اور سیاسی بدعنوانیوں میں گھرا ہوا سماج ہے۔ عبدالصمد نے اپنے صوبے کے سیاسی گلیاروں اور اس کے شب و روز کو جھانک جھانک کر دیکھا ہے اور اس کے اندھیروں اجالوں کو بڑی سادگی و بے تکلفی سے سلیس شفاف اسلوب میں پڑھنے والوں تک پہنچا دیا ہے۔

چونکہ عبدالصمد کے تمام ناول ایک تخصیص لیے ہوئے پس منظر اور اسلوب کے حامل ہوتے ہیں اس لیے 'بکھرے اوراق' اور 'شکست کی آواز' نے قارئین کو اسلوب اور موضوع کی ندرت کی وجہ سے حیران کر دیا۔ 'بکھرے اوراق' موضوع کے اعتبار سے تو وہی سیاسی اور معاشرتی کرپشن پیش کرتا ہے جس کے لیے عبدالصمد مشہور ہیں۔ اس میں بھی انہوں نے خوف و دہشت کے موجودہ ماحول کو ہمہ جہت رنگ میں دیکھنے دکھانے کی کوشش کی ہے مگر یہاں ان کا اسلوب استعاراتی اور علامتی ہے۔ عبدالصمد شروع میں اپنے استعاراتی اور علامتی افسانوں کے

لیے خاصے مشہور رہے ہیں مگر ناول میں انہوں نے یہ انداز پہلی مرتبہ اختیار کیا ہے۔ یہ اسلوب ناول میں بہت کامیاب تو نہیں ہو سکا مگر اس کے ذریعہ انہوں نے ناول کو ہماری موجودہ زندگی کا آئینہ خانہ بنانے میں کامیابی ضرور حاصل کی ہے۔ تقریباً اسی قسم کا موضوع 'اجالوں کی سیاہی' میں سادہ بیانیہ میں برتا گیا ہے۔ 'شکست کی آواز' اسلوب کے بجائے موضوع کے سبب حیران کرتا ہے کہ اس میں عبدالصمد پہلی بار سیاسی اور سماجی گلیاروں سے نکل کر انسان کے نفسیاتی اور جنسی مطالعے کی طرف متوجہ ہوئے ہیں۔ انہوں نے ندیم نام کے ایک Introvert نوجوان کی شخصیت میں پوشیدہ جنسی شعور کی پیچیدگیوں کو وقوعوں کے ذریعہ تدریجی طور پر کامیابی سے دکھایا ہے۔ مصنف نے ندیم کی آہستہ خرام تبدیلیوں کو متعدد چھوٹے چھوٹے خارجی واقعات کے ذریعہ فطری انداز میں پیش کیا ہے۔ شخصیت اور اس کی دروں بینی کی نفسیات کا گہرا مطالعہ اِس ناول کا اہم ترین وصف ہے۔ اسی طرح 'جہاں تیرا ہے یا میرا' امریکہ کی زندگی اور تہذیب کے پس منظر میں ایک نئے موضوع اور جہانِ فکر کی آئینہ داری کرتا ہے اور عبدالصمد کی ناول نگاری کی ایک نئی مگر دلچسپ جہت سے روشناس کراتا ہے۔

''کشکول'' (۲۰۲۱) عبدالصمد کا تازہ ترین ناول ہے جس میں انہوں نے گداگروں کو موضوع بنا کر زندگی اور سماجی رویوں کی تفہیم کی کوشش کی ہے۔ کرونا جیسی وبا نے ہم عصر دنیا کو دیکھنے اور سمجھنے کا نیا موقع دیا تو عبدالصمد نے بالکل نیا تجربہ کیا کہ سماج کے اُس حصے کی طرف نگاہ ڈالی جس کی طرف حکومت، انتظامیہ اور عوام میں سے کسی کی نگاہ نہیں جاتی۔ چنانچہ جب وبا کے خوف سے زندگی تعطل کا شکار ہوگئی اور ہر چہار جانب بندی نافذ کردی گئی تو گداگروں کی جانب کسی کا خیال بھی نہیں گیا کہ ان کے پاس تو نہ گھر ہے نہ چہار دیواری۔ وہ خود کو کہاں بند کریں گے؟ حکومت نے تو عام دنوں میں کبھی کوئی منصوبہ ان کے لئے نہیں بنایا، اور نہ ہی پنج سالہ یا یک سالہ یوجنا میں ان کے مسائل کو فوقیت دی، تو بھلا ایسے افراتفری کے دنوں میں ان کے لئے کیسے سوچتی۔ حکومت نے نہ ان کے لئے بستی بنائی اور نہ کوئی علاقہ مختص کیا۔ چنانچہ جب ہر طرف بندی کا سناٹا قائم ہوا تو صرف یہی لوگ نمایاں ہو کر سامنے آئے۔ ان کے لئے بندی ایک غیر متوقع صورت حال تھی جس کا انہوں نے تصور بھی نہیں کیا تھا

> ''بندی۔۔۔؟ یہ کیا چیز ہوتی ہے۔۔۔؟ راجو چاچا بڑبڑایا
> شبراتی نے فوراً جواب دیا۔ ''بندی، یعنی بندی''
> اب کے راجو چاچا کے اندر کا کھولتا ہوا غصہ اچانک بہہ نکلا۔
> ''ابے صاف صاف کیوں نہیں بتاتا، کیوں پہیلیاں بتیا رہا ہے۔۔۔'' ۱
> شبراتی نے اسے سمجھانے کی کوشش کی۔ ''بندی مطلب سب بند، جو جہاں ہے وہیں بند''
> راجو چاچا نے تمسخرانہ انداز میں اسے دیکھا ''ہم تو زمین پر ہیں، زمین پر ہی رہتے ہیں، ہم کہاں سے بند ہوں گے؟'' ۲
> ''بندی کا مطلب سب بند، مسجد، مندر، ہوٹل، بازار، گاڑی گھوڑا، سڑکوں پر چلنا، سب بند''
> راجو چاچا اور سب لوگوں کے چہرے پر صاف لکھا گیا کہ انہیں اس بات پر اب بھی یقین نہیں آیا۔ ۳

لیکن وہ یقین کریں یا نہ کریں بندی تو ہوگئی۔ سبھی کاموں پر پابندی۔ مندر، مسجد، آفس، بازار کہیں نہیں جا سکتے یہاں تک کہ پیٹ بھرنے کے لئے

بھیک بھی نہیں مانگ سکتے۔اب ان کا کیا ہوگا جن کے رزق کا دارومدار ہی بھیڑ بھاڑ سے ہے۔خواہ وہ مندر، مسجد ہو یا بازار۔ان کے سامنے سب سے بڑا سوال تھا کہ ہمیں بھیک کیسے ملے گی؟ یعنی وہ زندہ کیسے رہیں گے؟ انتظامیہ جس نے کبھی ان کے بارے میں کچھ نہیں سوچا اب وہ ان کے لئے ایک مسئلہ بن گئے ہیں۔ان سے مرض پھیلنے کا اندیشہ ہے۔وہ ان کی نظر میں ''انسانی بم'' ہیں جو معاشرے کے لئے خطرناک ثابت ہو سکتے ہیں۔گویا گداگروں کے لئے زندگی موت سے بدتر ہونے والی ہے۔وہ گڑگڑاتے ہیں کہ انہیں بھیک مانگنے کی اجازت دی جائے کہ وہ بھیک نہیں پائیں گے تو مرجائیں گے۔بھیک تو ان کے لئے وردان ہے۔مگر انتظامیہ کے کانوں پر جوں نہیں رینگتی ہے۔ان کی طرف سے سفاکانہ جواب ملتے ہیں۔

''تم لوگ دوسروں کے لئے خطرہ تو ہو ہی خود بھی ایسی حالت میں جلد ہی مرو گے''

''اب انہیں کہاں رکھیں۔یہ تو جہاں رہیں گے خطرہ ہی پھیلائیں گے''

''تم لوگ اٹھو اور کہیں اور جا مرو۔تمہاری وجہ سے پورے محلے کی جان خطرے میں ہے''

گویا وبا کے دنوں میں جب بہت سارے مسائل پیدا ہوئے اور ان کا آسان حل لاک ڈاؤن کی شکل میں نکال لیا گیا۔تو ایک بڑا مسئلہ فقیروں اور بھیک مانگنے والوں کا پیدا ہوا جس کا کوئی حل ہی نظر نہیں آرہا تھا۔عام دنوں میں جس طبقے کی جانب کبھی آنکھ اٹھا کر نہیں دیکھا انتظامیہ کے لیے وہی طبقہ آنکھ میں شہتیر بن کر چبھنے لگا تھا۔اسی لیے سینیر افسر کہتا ہے:

''یہ آج کی سچویشن میں بہت بڑا مسئلہ ہے، اس پر پرشاسن کو گمبھیرتا سے وچار
کرنا چاہیے۔مندر، مسجد بند ہیں، گلی سڑکوں پر کھلے بندوں یہ بھیک مانگ نہیں سکتے،
دروازے دروازے بھیک مانگنے کے لیے یہ جا نہیں سکتے، آخر ان کا حل کیسے نکالا
جائے، اس پر تو سوچنا ہوگا'' ۴

ان کو الگ الگ بھی نہیں کیا جاسکتا اور نہ ان کے اتحاد کو نقصان پہنچا کر انہیں بھگایا جاسکتا ہے۔ان کے لئے کسی مکان، رین بسیرا یا ہاسٹل کا بھی انتظام ممکن نہیں، کیوں کہ یہ سب چیزیں شہر میں ہوتی ہیں۔یہ جہاں رہیں گے آس پاس کی آبادی کو متاثر کریں گے اور ان کے کھانے کا بھی انتظام کرنا ہوگا۔انتظامیہ نے بہت غور و فکر کے بعد ایک جگہ تلاش کی جسے ''قبرستان'' کہتے ہیں۔''قبرستان عام طور پر آبادی سے دور ہوتے ہیں، یہ وہاں رہیں گے تو خطرہ بھی دور رہے گا'' مگر وہاں بھی ایک مسئلہ پیدا ہو گیا جس کی طرف اشارہ کر کے بڑی خوبصورتی سے مصنف نے ہمارے سماج میں مذہب، ذات پات اور فرقوں کے نام پر ہونے والی سیاست اور تفریق کو نشانہ بنایا ہے:

''تجویز تو آپ کی اچھی ہے۔ان لوگوں کے ہاں ذات پات، مذہب دھرم کی تفریق بھی نہیں ہوتی۔
جو لوگ مسجدوں مندروں میں بھیک مانگتے ہیں ان سے کوئی ان کا دھرم مذہب نہیں پوچھتا۔یہ ساری
باتیں اپنی جگہ مگر زیادہ تر قبرستان خاندانی یا ذاتی ہوتے ہیں۔آپ کو یہ جان کر تعجب ہوگا سر کہ ہر قبرستان
میں ہر مردے کو دفن نہیں کیا جاسکتا۔کچھ قبرستان صوفیوں کے سلسلے کے بھی ہوتے ہیں، ان میں انہیں کے
سلسلے کے لوگوں کو دفن کیا جاتا ہے۔میرے کہنے کا مطلب ہے ایسی صورت حال میں وہ لوگ اپنے
قبرستانوں ان بھکاریوں کو کبھی بسنے نہیں دیں گے۔'' ۵

اس لطیف طنز یہ پیرائے کا جواب نہیں۔ایک طرف بھکاری ہیں جنہیں علم وتہذیب سے دور کا بھی واسطہ نہیں ان کے درمیان کوئی بھید بھاؤ نہیں اور دوسری طرف ہمارا معاشرہ جو مرنے کے بعد مردے کے ساتھ بھی بھید بھاؤ اور تفریق سے باز نہیں آتا۔چنانچہ فقیروں کے لئے گورغریباں کا انتخاب کیا جاتا ہے جو عام وخاص کے لئے کھلا ہوتا ہے۔

گورغریباں میں جاکر گداگروں کو اپنی حیثیت واہمیت کا اندازہ ہوتا ہے۔نہ صرف انہیں گاڑی سے وہاں پہنچایا گیا بلکہ دونوں وقت سرکار کی طرف سے ان کے لئے بیٹھے بیٹھے من وسلویٰ بھی ملنے لگا۔انتظامیہ کو ڈر تھا کہ اگر انہیں کھانا پینا نہیں ملا تو یہ پھر بھیک مانگنے شہر کی طرف نکل پڑیں گے۔مگر یہ سلسلہ کتنے روز چلتا،سرکاری کام جس تیزی سے شروع ہوتے ہیں اتنی ہی تیزی سے ختم بھی ہو جاتے ہیں۔مگر یہ بھکاری اب ہوشیار ہو گئے تھے۔وہ اس سچویشن سے نہیں گھبرائے۔انہیں معلوم تھا کہ شہر کا بڑا حصہ ان کے وجود کا محتاج بھی ہے۔وہ انہیں ڈھونڈتا ہوا یہاں ضرور آجائے گا۔راجو چاچا کے یہ الفاظ سنیے:

''ابھی دیکھتے جاؤ،حالات کیا رخ اختیار کرتے ہیں۔آج تک انہیں ہماری حیثیت کا احساس ہی نہیں ہوا، ہم ان کی نگاہوں کے سامنے رہتے ہوئے بھی انہیں دکھائی نہیں دیے۔ابھی تو انہوں نے ڈر اور خوف سے ہمیں لا پھینکا ہے،مگر وہ وقت بھی جلد ہی آئے گا جب انہیں ہماری اہمیت معلوم ہوگی اور وہ ہمیں ڈھونڈنے پر مجبور ہوں گے'' ۶

اور اس کی تفصیل کچھ اس طرح بیان کرتا ہے:

''ارے بھیا،ہماری زندگی صدقہ خیرات پر ہی گزرتی ہے نا۔یہ الگ بات کہ کوئی اس میں فراخ دلی دکھاتا ہے اور کوئی کنجوسی،مگر صدقہ خیرات نکالتے سب ہیں۔ابھی تو وبا کے ڈر سے سبھی خوب نکال رہے ہوں گے۔اچھا وہ صدقہ خیرات کو کوڑے پر پھینک نہیں سکتے کہ انہیں گناہ کا احساس بھی ستائے گا۔ابھی تو وہ سینت سینت کر انہیں رکھ رہے ہوں گے،لیکن کب تک؟ جب انہیں اپنی جانوں کی فکر چاروں طرف سے گھیرے لگی تو دیکھنا،وہ کتنی بے چینی سے ہمیں ڈھونڈنے نکلیں گے'' ۷

دور اندیش راجو چاچا کی بات حرف بہ حرف سچ ثابت ہوتی ہے۔اور ناول کا دوسرا اہم کردار شبراتی صدقہ خیرات کی نعمتیں ان تک پہنچانے کا ذریعہ بنتا ہے۔شبراتی ایک ٹھیکیدار کے گھر رہ کر بڑا ہوا تھا مگر ان کے بچوں نے بیماری کے خوف سے اسے گھر سے نکال دیا اور وہ مسجد میں موذن اور امام کے ساتھ رہنے لگا تھا۔راشد حسین صدقہ خیرات کی دیگیں پہنچانے کے لئے اس کی مدد لیتے ہیں کیوں کہ وہ شہر اور فقیروں کے درمیان پُل کی حیثیت رکھتا تھا۔کل فقیر ان کے گھر آتے تھے اور وقت نے وہ دن دکھایا کہ وہ فقیروں تک پہنچنے کے لئے ذرائع ڈھونڈ رہے تھے۔راجو چاچا صحیح کہتا ہے:

''کیا زمانہ آگیا ہے۔ہم لوگ گھگھیا کے،رو کے،سچی جھوٹی اپنی پتا سنا کے بھیک مانگتے تھے تو ہمیں دھتکار زیادہ ملتی تھی،بھیک کم۔۔۔۔۔۔وقت وقت کی بات ہے کل ہمیں ان کی ضرورت تھی،آج وہ ہمارے محتاج ہیں'' ۸

مگر گورغریباں کے یہ فقیر بھی اچانک داخل ہونے والے مزدوروں کے سیلاب سے پریشان ہو جاتے ہیں۔یہ مزدور وہ تھے جو بندی کے بعد

بڑے بڑے شہروں سے نکال دیے گئے تھے اور اپنے اپنے گھر پہنچنے کے لئے پیدل ہی چل پڑے تھے۔ان لوگوں کی حالت اتنی خراب تھی کہ معذور بھکاری بھی ان پر ترس کھا رہے تھے۔تقریباً سبھی کے پاؤں میں چھالے، زخم اور خون کا رساؤ جاری تھا۔بیخوابی اور تھکن نے ان کے چہروں کے رنگ اڑا دیے تھے۔وہ اندھا دھند سفر کرتے ہوئے اپنے جسم اور ہوش وحواس سے تقریباً بے گانہ ہو گئے تھے۔اس لیے گورغریباں بھی ان کے لئے سکون وراحت کی جگہ محسوس ہوئی۔وہ کئی دنوں سے بھوکے تھے اور روٹی کے ایک ٹکڑے کے لئے ترس رہے تھے۔ایک منظر دیکھیے:

''اتفاق سے سوال کرنے والے بھکاری کے تھیلے میں کچھ سوکھی روٹیاں تھیں، اسے بھوک بہت لگتی تھی، اس لئے وہ کچھ کھانے کا سامان بچا کے ضرور رکھتا تھا۔اس نے ایک روٹی نکال کر مسافر کی طرف بڑھائی تو اس کے ہاتھ کے ساتھ ساتھ بے شمار ہاتھ لپک پڑے، چھینا جھپٹی کی کیفیت پیدا ہو گئی جس کا نتیجہ یہ ہوا کہ روٹی کا کوئی ذرہ بھی سلامت زدہ صورت میں کسی کے ہاتھ نہیں آیا اور سب منہ بسورتے رہ گئے'' ۹

عبدالصمد نے اس موقع پر بھکاریوں کے ساتھ ان مزدوروں کے حالات اور درد و کرب کا بہت تفصیل سے جائزہ لیا ہے جو بندی کی وجہ سے بارہ سو پندرہ سو میل لمبا سفر پیدل طئے کر کے اپنے شہر پہنچ رہے تھے۔وہ ایک قیامت سے گزر رہے تھے اور ان کی حالت انتظامیہ کی بد انتظامی نے بھکاریوں سے بھی بدتر کر دی تھی۔بقول ناول نگار:

''ان سبھی کو دیکھ کر گورغریباں کے بھکاری بھی حیران رہ گئے۔وہ تو ان سے بھی زیادہ مفلوک الحال تھے۔ نہ کسی کے جسم پر سالم کپڑے تھے، نہ پیروں میں چپل۔آنکھیں اور پیٹ اندر کو دھنسے ہوئے، چہرے پر ایسی ویرانی کہ انہیں دیکھ کر گورغریباں کی ویرانی بھی شرمانے لگی۔'' ۱۰

یہ ایسا وقت تھا جب فقیروں اور عام انسانوں میں فرق ختم ہو گیا۔مہلک بیماری، تالا بندی اور بھوک نے انہیں فقیروں سے بدتر بنا دیا اور انہیں کیڑے مکوڑوں کی طرح مرنے پر مجبور کر دیا۔عبدالصمد نے ایسے مقام پر اپنے سماجی، سیاسی مطالعے اور سماجیات سے دلچسپی کا خوب خوب اظہار کیا ہے۔فقیروں کی دنیا، مجبوروں کا سفر، انتظامیہ کی سفاکی، سیاست کی پینترے بازی اور بھوک کی نفسیات، ان سب کے فلسفیانہ مطالعے نے ناول کو ہنگامی اور وقتی موضوع کے باوجود دائمی اثرات اور اہمیت کا حامل بنا دیا ہے۔کچھ لوگ کہہ سکتے ہیں کہ یہ ہنگامی اور وقتی مسئلہ ہے، کل جب لاک ڈاؤن ختم ہوگا اور زندگی معمول پر آ جائے گی تو اس ناول کی معنویت ختم ہو جائے گی۔مگر عبدالصمد کا نظریہ اس کی نفی کرتا ہے۔عبدالصمد نے اس کے تعلق سے اپنے خیال کا اظہار بہت پہلے مہاتما اور مہاساگر لکھتے ہوئے کر دیا تھا کہ

''آس پاس جو چیزیں پھیلی ہوئی ہیں، آنکھوں اور کانوں کے پردے پر ہر لمحہ جو واقعات رونما ہو رہے ہیں، انہیں فکشن کی صورت میں محفوظ نہ کیا گیا تو یہ ایک بڑی ذمہ داری سے روگردانی ہوگی۔ذرائع ابلاغ کی چکاچوند نے ہماری آنکھوں اور ہماری فکر پر بجلیاں گرا دی ہیں اور ہم وقتی بہاؤ میں جان بوجھ کر بہہ جانے میں طمانیت محسوس کرتے ہیں۔روشنیوں کی بوچھار ختم ہوگی اور اسے ایک ختم ہونا ہے، اس وقت ہمارے پاس کیا رہ جائے گا؟'' ۱۱

اسی لیے عبدالصمد نے اپنے زیادہ تر ناولوں کی طرح 'کشکول' کو بھی زندگی اور فلسفۂ زندگی سے جوڑ کر دائمی اقدار سے مالا مال کیا ہے اور اسے

ایک مخصوص عہد کی تاریخ اور تصویر بنانے کی کوشش کی ہے۔ ممتاز فرانسیسی مفکر پروفیسر ایم، ایڈرتھ (M.Aderth) کے مطابق

''کمٹمنٹ اور ادب ایک دوسرے سے نا قابل تقسیم حد تک ملے ہوئے ہیں اس لیے کہ کمیٹیڈ ادیب فرد اور سماج کی کشمکش، الجھے ہوئے مسائل اور جذبات کا جارحانہ اظہار کرتا ہے، اس کی عظمت اسی میں ہے کہ وہ اس خلفشار کا خاموش تماشائی نہیں ہے بلکہ اس ڈرامہ کا ایک باشعور اداکار ہے''

عبدالصمد نے سماج سے اپنے کمٹمنٹ کا اظہار تقریباً تمام ناولوں میں کیا ہے مگر اس ناول میں اس کا اظہار ذرا کھل کر واضح طور پر ہوا ہے۔ انسانی زندگی، اس کے بدلتے روپ، فرد کے بدلتے چہرے اور معاشرے کی رنگ برنگی شکلیں اس ناول میں بڑی جلدی جلدی اور سفاک ڈھنگ سے سامنے آتی ہیں۔ ابھی آپ نے دیکھا کہ دولت مند طبقہ صدقہ وخیرات کے ذریعہ لاک ڈاؤن میں بھی ثواب کمانا چاہتا ہے مگر خود آگے بڑھ کر نہیں بلکہ کسی ایجنٹ کے ذریعہ۔ اسی طرح دولت مندوں کے بچے اپنے بیمار والدین کی دیکھ بھال کے لئے موذن جیسے کمزور افراد کو رکھتے ہیں اور یہ کمزور افراد جان کا خطرہ مول لے کر ان کے والدین کی دیکھ بھال اس لئے کرتے ہیں کہ حاصل ہونے والے پیسوں سے اپنے بچوں کو نئی زندگی دے سکیں۔ گویا پیسہ کے لئے کوئی جان خرید رہا ہے تو پیسہ کے لئے کوئی اپنی جان دینے کے لئے بھی تیار ہے۔ یہاں تک کہ پیسے والے دولت کے زور پر والدین کے گزر جانے کے بعد ان کی تکفین و تدفین کے لئے بھی ایجنٹوں کی خدمات حاصل کرتے ہیں۔ ایسے قیامت خیز وقت میں کچھ لوگوں نے خدمت کو بھی تجارت بنا ڈالا ہے۔ ایمبولینس، دفتر اور کاغذی کارروائی۔ سب کچھ موجود ہے۔ تجہیز و تکفین سے تدفین اور ایصال ثواب تک سارے کام معقول رقم لے کر انجام دیے جاتے ہیں۔ سارے کا سارا کاروبار ہے مگر نام دیا گیا ہے خدمت خلق اور ثواب دارین کا۔ عبدالصمد نے ناول میں جابجا ایسے کاروباری چہروں سے نقاب اٹھایا ہے اور بڑے سلیقے سے رشتوں کی پامالی کا مرثیہ لکھ ڈالا ہے۔ ایک دولت مند باپ سے آخری دنوں میں اس کے دل کی آواز سنیے:

''جانتے ہیں موذن صاحب، ان بچوں کے لئے میں نے کیا کیا کیا؟ دن کو دن نہیں، رات کو رات نہیں سمجھا۔ سونے کے چمچے سے انہیں نوالہ کھلانے کے لئے جان توڑ محنت کی، ہر طرح کے جھوٹ بولے، قسم قسم کی بے ایمانیاں کیں، بے شمار لوگوں کو دھوکہ دیا، کس لئے، صرف اس لئے کہ میرے پاس پشتہا پشت کے لئے جائداد اور دولت کا ایک ڈھیر لگ جائے۔ آج شہر ہی نہیں، صوبے کے امیر کبیر خاندانوں میں ہمارا شمار ہوتا ہے۔ انہیں ہر طرح کے عیش و آرام میسر ہیں، انہیں کیا، ان کے بال بچوں کو بھی اپنے مستقبل کے لئے کچھ نہیں سوچنا، مگر انہوں نے بدلے میں مجھے کیا دیا؟ اپنے ہی گھر میں، میرے ہی بنائے ہوئے گھر میں مجھے اجنبی بنا کر رکھ دیا۔ اب وہ مرتے مرتے بھی میرے پاس نہیں آئیں گے کیوں کہ انہیں بیماری لگ جانے کا ہمیشہ خطرہ رہے گا۔ وہ میری لاش کو بھی نہیں چھوئیں گے، میرا کفن دفن بھی نہیں کریں گے، ہاں بے شک وہ ان سب کے لئے پیسے ضرور پھینکیں گے جو دراصل میری گاڑھی کمائی ہوگی۔ یہ ہے دنیا موذن صاحب!'' ۱۲

تجہیز و تکفین کرنے والی ایک کمپنی کا حال دیکھئے:

''وہ شبراتی کو الگ الگ دفتر دکھانے لگا۔ ایک جگہ کئی لوگ فون اور موبائل لیے بیٹھے تھے اور تقریباً

سبھی لوگ مصروف گفتگو تھے، ایک کمرے میں مختلف رجسٹر بھرے جا رہے تھے، دوسرے کمرے میں روپے پیسے کا حساب ہو رہا تھا اور الگ الگ رجسٹروں میں درج کیا جا رہا تھا۔ اس شخص نے ایک شیڈ کی طرف اشارہ کیا۔ 'یہاں ہم میت کو غسل دیتے ہیں اور کفن پہناتے ہیں۔ شروع شروع میں تو ہماری سمجھ میں نہیں آتا تھا کہ کیسے سارے کاموں کو انجام دیں گے۔ اب ایک سسٹم سا بن گیا ہے۔ ہمارا کام ایسا ہے کہ ایک ایک لمحہ مصروفیت بھرا ہے، ذرا بھی وقت ادھر سے ادھر ہوا اور ہمارا سسٹم فیل۔۔۔۔ روپے پیسے کی کمی نہیں، وہ لوگ منہ مانگا ادا کرتے ہیں۔۔'' (ص۔۱۹۸) ۱۳

اس وبا نے سب کے چہرے سے نقاب اتار دیے ہیں۔ عبدالصمد بڑی فنکاری سے حکومت، انتظامیہ، مولوی، پنڈت، رفاہی تنظیم، سماجی ادارہ، سب کے اصلی چہرے دکھاتے ہیں جو خدمت، ثواب، عبادت اور خیر خواہی کے نام پر کھیل کھیل رہے ہیں۔ انہوں نے ہمیشہ عام انسانوں کا استحصال کیا ہے مگر اسے ظاہر نہیں ہونے دیا۔ وبا میں وہ کھل کر کھیل رہے ہیں اس لیے اپنی اصلیت کے ساتھ موجود ہیں۔ ایک طرف پڑھے لکھوں کی حالت بھکاریوں والی ہوگئی، مزدوروں کی مزدوری کے لالے پڑ گئے، تو دوسری طرف دواؤں کا کاروبار شروع ہو گیا، قبرستانوں پر ناجائز قبضے کر کے ان پر عمارت تعمیر کرنے والے نکل پڑے، تدفین کے بہانے دولت سمیٹنے والی تنظیمیں اٹھ کھڑی ہوئیں اور مذہب، سیاست اور خدمت خلق کے نام پر استحصال اور لوٹ کا بازار گرم ہو گیا۔ فقیروں کی دنیا ان مکاریوں اور شعبدہ بازیوں سے بالکل خالی ہے۔ کیوں کہ ان کی سب سے بڑی کمزوری بھوک ہے جسے مٹانا ان کی زندگی کا واحد مقصد ہے۔ ان کا فلسفہ زندگی صرف اور صرف شکم تک محدود ہے۔ اور جن لوگوں کی کمزوری بھوک نہیں ہے وہ شکم بھرنے کے بجائے تجوری بھرنے اور اقتدار کی بھوک مٹانے میں مصروف ہیں۔ اسی لیے جب عام مزدور اور عام انسان بھوک کا شکار ہوتے ہیں تو ان کا نظریہ حیات بھی شکم پروری تک ہی محدود ہو جاتا ہے۔ راجو چاچا جب عام انسانوں کو بھکاریوں کی طرح کھانا حاصل کرنے کے لئے لپکتے ہوئے دیکھتا ہے تو ہنستے ہوئے بولتا ہے:

''یہ لوگ ہمیں تو بہت حقارت سے دیکھتے تھے۔ کبھی غلطی سے ہم ان سے چھو بھی گئے تو اس طرح اچھلتے جیسے انہیں کرنٹ لگ گیا ہو اور گالیوں اور دھتکار کی تو پوچھو بھی مت۔ مگر جب ضرورت پڑی تو بھیک بھی کھانے پر مجبور ہو گئے۔ پہلے بھیک ان کے لیے حرام تھی، اب حلال ہو گئی۔۔'' ۱۴

یہ عبرت کا مقام ہے جو بتاتا ہے کہ ثبات ایک تغیر کو ہے زمانے میں۔ قدرت کب کس کو محتاج بنا دے کوئی نہیں جانتا۔ ناول کے مطالعے سے ایک حقیقت کا اظہار ہوتا ہے کہ سماج نے صدیوں سے اصولوں کی جو عمارت بنائی تھی وہ سب دھڑ ادھڑ اس وبا نے گرا دیے۔ جو مختار تھے وہ محتاج ہو گئے اور جو محتاج تھے وہ مختار ہو گئے۔ سماجی رشتوں کی دیوار ڈھے گئی، اور انسانوں کے بنائے سارے بھرم ٹوٹ گئے۔ دھتکارنے والے گھروں میں بند ہیں اور سماج سے کنارے کیے جانے والے آزاد گھوم رہے ہیں، بلکہ ان کے کام آ رہے ہیں۔ سماج کی بنیادیں ہل چکی ہیں۔ عام انسان نے اپنے وجود اور اپنی شناخت کو کھو دیا اور وہ جو شناخت سے محروم تھے ان کے وجود کو دنیا تسلیم کرنے پر مجبور ہو گئی۔ ان کی زندگی پر کوئی آنچ نہ آ سکی۔ راجو چاچا کے یہ حقیقت سے پر جملے سنیے:

''اور ہمیں دیکھو، اتنی بڑی بیماری آ گئی، پوری دنیا اس کی لپیٹ میں آ گئی، سارا کچھ اتھل پتھل ہو گیا، ساری دنیا کا نظام بدل گیا، جو سماج رائج تھا وہ کہاں غائب ہوا، کچھ پتہ نہیں۔ اور ہمیں کوئی فرق

نہیں پڑا۔ نہ ہم ان کی طرح بیمار پڑے، نہ ہمارا علاج ہوا، نہ کسی نے اس انداز میں ہماری فکر کی۔
۔۔۔۔اور قدرت کی مہربانی دیکھو، اس نے دنیا کے سامنے ثابت کر دیا کہ ہمیں جو دنیا بے کار سمجھتی تھی اور سامنے رہتے ہوئے بھی نہیں پہچانتی تھی، تو اب ہمارا بھی ایک وجود ہے۔ اس نے ہمیں بیکار نہیں پیدا کیا، ہم معذور ضرور ہیں، مگر اپنے آپ میں کار آمد ہیں'' ۱۵

کار آمد اس طرح کہ وہ نہ صرف زندگی میں ان کی بلاؤں، آفتوں اور مصیبتوں کو دفع کرنے کا سبب بنتے رہے بلکہ مرنے کے بعد بخیر وخوبی ان کی تجہیز وتکفین اور تدفین کی ذمے داری بھی نبھا رہے ہیں۔ گداگر معذور ہو کر محتاج ہے مگر انسان کو اس وبا نے بغیر معذوری کے گداگروں سے زیادہ محتاج، ضرورت مند اور فقرا و مساکین کا رہین منت بنا دیا ہے۔ گویا قدرت نے انسانوں کے ہاتھوں میں ایک ان دیکھا کشکول تھما دیا ہے جسے انہوں نے گداگروں کے سامنے پھیلا رکھا ہے اور جو گداگروں کے کشکول سے بڑا اور نمایاں ہے۔

''کشکول'' موضوع کے اعتبار سے بلاشبہ ایک منفرد ناول ہے جس کے بارے میں پروفیسر گوپی چند نارنگ جیسے فکشن کے نباض نے لکھ دیا ہے کہ

''عبدالصمد نے ایک نیا تجربہ کرنے کی جسارت کی ہے، اور بہت کامیابی کے ساتھ۔ انہوں نے گداگروں کی زندگی کے پس منظر میں کووڈ ۱۹ پر تخلیقی انداز میں روشنی ڈالی ہے۔ ناول کے مطالعے سے یقیناً تازگی کا احساس ہوتا ہے۔ کووڈ ۱۹ پر بہت کچھ لکھا جائے گا مگر مجھے یقین ہے کہ کشکول کی انفرادیت ہمیشہ برقرار رہے گی''۔ (ناول کا بیک کور) ۱۶

اور وہ انفرادیت یہ ہے کہ ناول نگار نے ناول کو تصور حیات سے شروع کر کے تنقید حیات تک پہنچا دیا ہے۔ راجو چاچا کے مندرجہ بالا جملے پڑھیے تو زندگی، سماج اور شکم سیر افراد پر طنزیہ طور پر کہے گئے اس کے جملے دل و دماغ پر گہرے زخم بن کر ابھرتے ہیں۔

فنی طور پر اس ناول کو پڑھتے ہوئے آپ بہت سارے سوالات اٹھا سکتے ہیں۔ مثلاً حکومت، انتظامیہ اور سماجی ذمہ داروں کی پیش کش میں تصنع اور روکھا پن ملتا ہے، پورے ناول میں رومان کو کہیں جگہ نہیں دی گئی ہے، ناول عورتوں اور بچوں کے کردار سے یکسر خالی ہے، کوئی بڑا اور یادگار کردار ابھر کر سامنے نہیں آپاتا، بہت سارے واقعات اور مناظر میں یکسانیت کا احساس ہوتا ہے اور پلاٹ میں ڈھیلا پن مطالعے کی گرفت کو ڈھیلا کر دیتا ہے وغیرہ وغیرہ۔ مگر ناول کے موضوع اور مقصد کو خیال میں رکھا جائے تو کئی سوالات غیر ضروری اور غیر اہم ہو جاتے ہیں۔ جہاں تک کردار کی بات ہے، عبدالصمد نے اس ناول کو کرداری کے بجائے واقعاتی بیانیہ میں پیش کیا ہے۔ اسی لیے ان کی پوری توجہ اس پر رہی ہے کہ فقیروں کی زندگی کو پیش کر کے ان کے نشیب وفراز دکھائے جائیں۔ اس کے لئے انہوں نے مناظر اور مکالموں سے کام لے کر واقعات میں تخلیقی شان پیدا کی ہے۔ اسی لئے کئی کردار مثلاً شبراتی، راجو چاچا، موذن، ٹھیکیدار اور راشد حسین وغیرہ اپنی موجودگی درج کرانے کے باوجود اس طرح ذہن میں جگہ نہیں بنا پاتے جیسے گداگروں کی بھوک کی تصویر ذہن میں بنتی ہے۔ گداگروں کی زندگی اور اس سے وابستہ جزئیات کو مصنف نے اس خوبی سے ابھارا ہے کہ وہ زندہ اور سچی تصویروں کی شکل میں ہمارے سامنے آتے ہیں اور دل ودماغ میں مرکزی مقام حاصل کر لیتے ہیں۔

ناول میں رومان کی اہمیت سے انکار ممکن نہیں۔مگر عبدالصمد کے ناولوں کو پڑھنے والے جانتے ہیں کہ ان کے اکثر ناول ایک تخصیص کے حامل ہوتے ہیں اور وہ تخصیص ہوتی ہے ان کے سماجی ،سیاسی اور تہذیبی افکار کی۔اس ناول میں بھی ان کی پوری توجہ فقیروں کی دنیا، بھوک، تجربہ اور فلسفہ پر رہی ہے۔وہ رومان کے بجائے لاک ڈاؤن اور کرونا کے کرب سے زیادہ متاثر ہیں اور چاہتے ہیں کہ زندگی اور سماج میں جو اچانک تبدیلیاں ہو رہی ہیں قاری ان کو دیکھے اور محسوس کرے۔بے ثباتئ زمانہ اور فکری و تہذیبی انقلاب کی جو صورتیں اس وبا نے پیدا کی ہیں وہ ناول نگار کے لئے سطحی رومان سے زیادہ اہم ہیں۔

جہاں تک واقعات کی تکرار اور repeatation کا سوال ہے یہ حقیقت پسندی پر زور کا نتیجہ ہوسکتی ہے۔ظاہر ہے کہ ناول نگار کی نگاہیں وبائی عہد پر مرکوز ہیں اور اسی حوالے سے وہ تہذیبی ارضیت نگاری کر رہا ہے یعنی وہ ایک خاص ماحول، زمانے اور خطے کی عکاسی کر رہا ہے تو اس کے پیش کردہ واقعات میں یکسانیت تو آئے گی ہی۔مصنف کا مقصد اس عہد وبائی میں معاشرے کے بدلتے چہرے اور اس کی کراہت کو مختلف زاویوں سے دکھانا ہے جو نہ صرف باعث عبرت ہے بلکہ دعوت غور و فکر بھی دیتا ہے۔نثر میں محاکات نگاری کا یہ ایسا انداز ہے جو دور حاضر کے بہت کم ناول نگاروں کے یہاں دکھائی دیتا ہے۔کبھی کبھی تو ایسا محسوس ہوتا ہے جیسے عبدالصمد بغیر کچھ کہے ہوئے 'ہم کو آئینہ دکھانا ہے دکھا دیتے ہیں، کے مرحلے سے گزرتے ہوئے بس ایک سوالیہ نشان قائم کر دیتے ہیں۔اب یہ ہمارا کام ہے کہ اس سے لطف اندوز ہوں، عبرت حاصل کریں، ندامت سے سر جھکا لیں یا توبہ کر کے ایک نئے جوش کے ساتھ سرگرم عمل ہو جائیں۔

کووڈ۱۹ ایک ہنگامی اور وقتی وبا تھی اس لئے اسے موضوع بنا کر لکھے گئے ادب کو بھی ہنگامی قرار دیا جاسکتا ہے کہ مسئلہ ختم ہوگا تو اس کا ادب بھی اہمیت کھو دے گا۔مگر ناول کے معاملے میں اسے درست نہیں کہا جاسکتا۔کیوں کہ ناول وہ صنف ہے جس میں سب کچھ سچ ہوتا ہے تاریخ کے سوا۔بلکہ تاریخ کو بہتر طور پر سمجھنے کے لئے ناول کے مطالعے کو ناگزیر قرار دیا گیا ہے۔اس لئے ناول خواہ ہنگامی دور کا ہو یا کسی عہد کا وہ دور تک سفر کرتا ہے اور اپنے بطن میں اس دور کی تہذیبی، ثقافتی اور فکری تاریخ سمیٹے ہوتا ہے۔عبدالصمد کا یہ ناول کشکول، ہنگامی دور کی روداد محض نہیں بلکہ اس عہد کی زندگی، تہذیب، فکری انقلاب اور فلسفہ حیات سے مربوط ہو کر دائمی اقدار کا متحمل ہوگیا ہے۔لہذا یہ محض ایک ناول نہیں ہے اپنے عہد کی جیتی جاگتی تصویر ہے جو ہر عہد میں اپنی کشش اور افادیت سے بامعنی ثابت ہوگی۔ناول نگار کی تعریف کرنی ہوگی کہ اس نے ہنگامی مسئلے کو گداگروں کے زاویہ نگاہ سے دیکھا اور دکھایا ہے۔ایسا کرتے وقت اس نے فنی ہنرمندی کے ساتھ جرأت فکر کا بھی مظاہرہ کیا ہے۔اس ضمن میں مجھے کہیں پڑھا ہوا Anton-Chekhar کے ایک خط کا اقتباس یاد آتا ہے جو اس نے اپنے دوست Souvorin کو لکھا تھا:

> "You are right in demanding that the artist should take a conscious (moral) attitude to his work but you confuse two conceptions..... the solution of a question the latter one is obligatory"

عبدالصمد نے ناول میں ہنگامی مسئلے کا کوئی حل فراہم نہیں کیا، بلکہ مسئلے یا واقعے کو صحیح تناظر میں اور مثبت فکر کے ساتھ پیش کرنے کا فریضہ بڑی

خوبی کے ساتھ انجام دیا ہے۔ بقول پروفیسر علی احمد فاطمی

''اب یہ بات صاف ہو چکی ہے کہ ناول جذبات و رومان سے کم تجربات و حادثات سے بڑا ہوتا ہے بشرطیکہ وہ تخلیقی تجربہ بھی بن جائے۔ اس کے لئے زندگی سے قربت، انسانوں سے والہانہ محبت اور سپردگی و بالیدگی کی اشد ضرورت ہوا کرتی ہے جس کے اثرات اس ناول میں اکثر نظر آتے ہیں'' ۱۸

اس لئے میں کہ سکتا ہوں کہ کشکول، گداگروں کے کرب، انسانی جبلت کی نیرنگی شکلیں بدلتی معاشرت اور تغیرات زمانہ کی سچائیوں کے ساتھ اپنے موضوع کی ندرت، اسلوب کی تازگی اور جرأتِ اظہار کی وجہ سے عہد حاضر کا ایک اہم ناول ہے اور عبدالصمد کے فن کا ایک نیا نشان قائم کرنے کی صلاحیت رکھتا ہے۔

OOO

حوالہ جات:

۱۔ کشکول، عبدالصمد، کتاب دار، جلال منزل، ٹیمکر اسٹریٹ۔ ممبئی۔ ۴۰۰۰۰۸۔ ص۔ ۸

۲۔ کشکول، عبدالصمد، کتاب دار، جلال منزل، ٹیمکر اسٹریٹ۔ ممبئی۔ ۴۰۰۰۰۸۔ ص۔ ۹

۳۔ کشکول، عبدالصمد، کتاب دار، جلال منزل، ٹیمکر اسٹریٹ۔ ممبئی۔ ۴۰۰۰۰۸۔ ص۔ ۱۲

۴۔ کشکول، عبدالصمد، کتاب دار، جلال منزل، ٹیمکر اسٹریٹ۔ ممبئی۔ ۴۰۰۰۰۸۔ ص۔ ۲۳

۵۔ کشکول، عبدالصمد، کتاب دار، جلال منزل، ٹیمکر اسٹریٹ۔ ممبئی۔ ۴۰۰۰۰۸۔ ص۔ ۳۹

۶۔ کشکول، عبدالصمد، کتاب دار، جلال منزل، ٹیمکر اسٹریٹ۔ ممبئی۔ ۴۰۰۰۰۸۔ ص۔ ۴۹

۷۔ کشکول، عبدالصمد، کتاب دار، جلال منزل، ٹیمکر اسٹریٹ۔ ممبئی۔ ۴۰۰۰۰۸۔ ص۔ ۵۰

۸۔ کشکول، عبدالصمد، کتاب دار، جلال منزل، ٹیمکر اسٹریٹ۔ ممبئی۔ ۴۰۰۰۰۸۔ ص۔ ۶۳

۹۔ کشکول، عبدالصمد، کتاب دار، جلال منزل، ٹیمکر اسٹریٹ۔ ممبئی۔ ۴۰۰۰۰۸۔ ص۔ ۹۴

۱۰۔ کشکول، عبدالصمد، کتاب دار، جلال منزل، ٹیمکر اسٹریٹ۔ ممبئی۔ ۴۰۰۰۰۸۔ ص۔ ۹۲

۱۱۔ عبدالصمد شخص اور عکس، مرتبہ ڈاکٹر ہمایوں اشرف، ایجوکیشنل پبلشنگ ہاؤس، لال کنواں، دہلی ۔۶۔ ص۔ ۱۱۱

۱۲۔ کشکول، عبدالصمد، کتاب دار، جلال منزل، ٹیمکر اسٹریٹ۔ ممبئی۔ ۴۰۰۰۰۸۔ ص۔ ۱۶۷

۱۳۔ کشکول، عبدالصمد، کتاب دار، جلال منزل، ٹیمکر اسٹریٹ۔ ممبئی۔ ۴۰۰۰۰۸۔ ص۔ ۱۹۸

۱۴۔ کشکول، عبدالصمد، کتاب دار، جلال منزل، ٹیمکر اسٹریٹ۔ ممبئی۔ ۴۰۰۰۰۸۔ ص۔ ۲۰۴

۱۵۔ کشکول، عبدالصمد، کتاب دار، جلال منزل، ٹیمکر اسٹریٹ۔ ممبئی۔ ۴۰۰۰۰۸۔ ص۔ ۲۰۷

۱۶۔ کشکول، عبدالصمد، کتاب دار، جلال منزل، ٹیمکر اسٹریٹ۔ ممبئی۔ ۴۰۰۰۰۸۔ ناول کا بیک کور

۱۷۔ بحوالہ پروفیسر معین الدین جینا بڑے۔ عبدالصمد شخص اور عکس۔ مرتبہ ڈاکٹر ہمایوں اشرف۔ ایجوکیشنل پبلشنگ ہاؤس، لال کنواں، دہلی ۔۶۔ ص۔ ۲۳۱)

۱۸۔ پروفیسر علی احمد فاطمی، کرونا اور کشکول۔ سہ ماہی کاروان ادب، بھوپال، شمارہ ۶۷، ۲۰۲۱، ص ۳۲

منتخب علمی و تحقیقی مضامین کا ایک اور مجموعہ

نقد و نظر (حصہ : دوم)

مرتبہ : ایس۔ اے۔ شکور (ادارۂ ادبیاتِ اردو)

بین الاقوامی ایڈیشن جلد منظر عام پر آرہا ہے